『十三五』國家重點圖書出版規劃項目

2011—2020年國家古籍整理出版規劃項目

2020年度國家出版基金資助項目

國家社會科學基金重大項目『國家圖書館藏未刊稿整理與研究』（13&ZD107）

國家出版基金項目
NATIONAL PUBLICATION FOUNDATION

國家圖書館藏未刊稿叢書·著作編

國語解訂譌

（外三種）

（清）孔繼涵等 著

主編 劉玉才 陳紅彦

鳳凰出版社

圖書在版編目（CIP）數據

國語解訂訛：外三種／（清）孔繼涵等著
--南京：鳳凰出版社，2021.8
（國家圖書館藏未刊稿叢書／劉玉才，陳紅彦主編.
著作編）
ISBN 978-7-5506-3368-1

Ⅰ.①國… Ⅱ.①孔… Ⅲ.①《國語》-研
究 Ⅳ.①K225.04

中國版本圖書館CIP數據核字（2020）第261624號

書　　名　國語解訂訛：外三種
著　　者　（清）孔繼涵等
責任編輯　王　劍　姜　嵩
裝幀設計　姜　嵩
出版發行　鳳凰出版社（原江蘇古籍出版社）
　　　　　發行部電話025-83223462
出版社地址　江蘇省南京市中央路165號，郵編：210009
出版社網址　http://www.fhcbs.com
照　　排　南京新華豐製版有限公司
印　　刷　南京新世紀聯盟印務有限公司
　　　　　江蘇省南京市建鄴區南湖路27號春曉大廈5樓，郵編：210017
開　　本　718毫米×1005毫米　1/16
印　　張　23.5
版　　次　2021年8月第1版
印　　次　2021年8月第1次印刷
標準書號　ISBN 978-7-5506-3368-1
定　　價　540.00圓

《國家圖書館藏未刊稿叢書》編委會

主　編

劉玉才　陳紅彦

分主編

樊長遠　陳紅彦（日記編）

董馥榮　謝冬榮（書札編）

盧芳玉（金石題跋編）

田曉春（題贊手卷編）

孫　俊　林世田（中法漢學研究所編）

張學謙　王宣標（著作編）

委　員（以姓氏筆畫爲序）

王　劍　王宣標　卞惠興　田曉春　白謙慎　林世田

姜小青　陳紅彦　孫　俊　張學謙　董馥榮　樊長遠

劉玉才　薛龍春　盧芳玉　謝冬榮

序

中國國家圖書館以庋藏中國古籍善本宏富著稱，其中宋元舊槧、珍稀印本，向爲學界推重，頗獲利用。相較之下，約佔館藏善本總量三分之一的寫本類文獻，利用還遠遠不够，堪稱有待發掘的文獻寶藏。國圖藏寫本文獻以著作稿抄本爲主，兼及日記、書札、題跋、校語、文書檔案等類文字形式，因多爲唯一傳本，故有别於刊印文獻，具有獨特的文物、藝術和文獻價值。根據館方專家調查，[一]館藏宋元抄本即有十五部，明抄本則多達一千二百四十六部，其中一百七十餘部爲内府所抄。如宋仁宗親撰《洪範政鑒》，僅此一部内府抄本秘藏宫内，從無刊刻傳抄，彌足珍貴。明嘉靖間《永樂大典》抄本，世存殘卷亦以國圖收藏最夥。許多早期抄本與原本成書年代接近，而原本或有亡佚殘缺情形，抄本遂具有無可替代的校勘與輯佚價值。國圖所藏明清抄本中，著名學者、藏家抄本佔有相當比例，許多是影抄宋元舊本和珍稀本，僅毛晋汲古閣影抄本即有近八十部。在清抄本五千餘部中，還包括有盧文弨、鮑廷博、吴騫、翁方綱、陳鱣、黄丕烈、焦循、管庭芬、楊守敬、王國維等名家手稿本。著作類稿抄本之外，國家圖書館還藏有明清以至民國一百五十餘家日記稿抄本，三四百種書札文獻，數

[一] 陳紅彦《國家圖書館藏抄本述略》，《國家圖書館學刊》，2016 年第 4 期。

千款金石題跋，以及數量不菲的圖卷題詠、批校文字、文書檔案等類寫本文獻。上述寫本文獻，除部分著作抄本之外，大多未經刊行，均可歸爲未刊稿之列。

寫本文獻存量稀罕，往往具有孤本性質，加之多數未經整理，字迹辨識不易，閲覽亦不方便，這都成爲限制其發掘利用的重要原因。有鑒於此，我們組織國家圖書館古籍館與北京大學中文系合作的學術團隊，在對館藏寫本文獻全面調查的基礎上，首先選擇具有重要學術價值、讀者利用不便的未刊文獻，予以整理刊布。並在國家社科基金申請設立『國家圖書館藏未刊稿整理研究』重大課題，以保證整理研究工作的實施。經過課題組同人的共同努力，陸續完成部分階段性成果，今擬分作日記、書札、金石題跋、題贊手卷、中法漢學研究所、著作諸編，依次予以刊布。

《日記編》整理收録顔懋价、葉鈞、張廷濟、何紹基、趙宗建、黄彭年、江標七位清人未刊稿本日記。其中如黄彭年、江標，不僅參與過重大政治活動，在學術領域亦有較高成就，屬於政學兼通的重要歷史人物。黄彭年《黄陶樓先生日記》、江標《笘誃日記》，所載均長達數十年，可稱一生行迹的詳盡記録，涉及朝章典故、交遊見聞、日常讀書生活等諸多内容，極其豐富。張廷濟《張叔未日記》、顔懋价《顔脩來日記》、葉鈞《壺中日記》、何紹基《東洲草堂日記》，雖然記述時間不長，但是内容各有所長，據之不僅可以考察日記主人的生平交遊，還可豐富清代學術史的場景。晚清藏書家趙宗建的《舊山樓日記》《非昔居士日記》《庚子非昔日記》，内容跨越清同治元年（1862）至光緒二十一年（1895）共三十多年的時間，記録了趙氏的日常生活、藏書收購及與衆多友人交遊情形，還有對圍剿太平軍的見聞記述，頗能反映江南地方士人的生活與眼界。

《書札編》從館藏各類書札文獻中選取黄彭年、趙宗建、張蔭桓、袁昶、王懿榮、吴重憙、繆荃孫、葉德輝等十餘家往還書札，予以整理刊布。因所涉人物都是晚清、民國間重要官員和學術文化界名流，書札内容豐富，且未經前人揭示，具有無可替代的文獻價值。如《黄子壽先生遺札》收録清光緒年間黄彭年在江蘇布政使任内與按察使朱之榛之間往來信件六十七通，涉及漕運與海運之流弊、來蘇流民之安置、正誼書院並藏書樓之籌建等諸多政務。黄彭年著述宏富，但大多未經刊布，本課題同時整理其日記、書札，預期將會推動學界對黄氏的深入研究。《趙宗建友朋書札》收録趙宗建光緒年間所撰詩歌、隨筆、抄經、墓誌銘、祝壽帖及其友人李芝綬、季錫疇的書札共一百四十餘件，不僅内容豐富，還可與《日記編》所收趙氏三種日記互相參照，促進學界對這位重要藏書家的全面研究。《袁昶友朋書札》收録劉履芬、丁丙、馮煦、孫詒讓、楊守敬、沈曾植、戴望、張謇、李文田、孫衣言、張鳴珂、張之洞、陸潤庠、王頌蔚、王懿榮、翁同龢等人信札二百餘通，袁昶親自整理粘貼爲十二巨册，涉及歷史人物衆多，堪稱是晚清學者的群體資料。《王懿榮往還書札》收録王懿榮與師友、親屬往還書札數百通，基本可以反映其後半生的主要經歷與交遊關係。王懿榮光緒年間授翰林院編修，三任國子監祭酒，博覽書史，精於鑒藏，與當世金石學者來往密切。書札所涉人物包括潘祖蔭、陳介祺、繆荃孫、吴大澂、盛昱、汪鳴鑾、孫汝梅、黄紹箕、吴重憙諸名流，以及女兒女婿等家人。書札内容多爲討論金石碑拓釋讀、古籍收藏、科舉學問，以及時務政治、爲人處世、家務瑣事，據之可以考察同光時期精英士大夫鑒藏金石之風尚，以及業餘生活趣味的豐富細節。《藝風堂同人尺牘》是晚清著名學者繆荃孫的友朋書札稿本集，收録惲祖翼、繆朝荃、劉炳照、吴慶坻、陳慶年等人致繆荃孫書札一百餘通。書札的撰寫時間多在光緒時期，内容比較廣泛，除家常瑣事之外，還涉及刻書、詩詞交往、方志編纂等方面，是研究繆荃孫學術交遊、晚清政治與文化教育的重要資料。葉德輝致松崎鶴雄書札（《郎園手札》）是著名學者葉德輝 1910 年至 1920 年間致日本學者松崎鶴雄的書信，涉及研治經學、小學等多方面内容，可稱現代中日學術交流史的重要文獻。

《書札編》收録書札出自名家之手，書法用箋考究，文獻價值之外，兼具有藝術觀賞價值，故採取録文整理與選擇影印結合的方式予以刊布。此外，我們還特邀白謙慎先生、薛龍春先生精選館藏十餘種名家尺牘，製作法書字帖，集爲《國家圖書館藏清代名家尺牘法書選刊》，以饗書法愛好者。

國圖收藏金石拓本豐富，題跋數量衆多。如宋元合璧拓本《廣政石經》即有名家題跋、批校百餘款，宋拓《嘉祐石經》亦有吴昌碩、丁晏、葉昌熾、沈曾植、羅振玉、陳寶琛、楊守敬、曹元忠、繆荃孫、柯劭忞等多人題跋和批校。《金石題跋編》甄選館藏金石題跋七十餘種，以拓本爲單位，撰寫提要，著録題名、拓本、裝幀、行款、書體、責任者、遞藏源流等項信息，並對題跋文字進行輯録整理，可爲金石證史、拓本源流研究、金石學者交遊研究提供全新的資料。

《題贊手卷編》率先刊布長達十六餘米的《明渤海孫氏積善堂題贊手卷》，該手卷是河北滄州孫楷第家族世守之寶，彙集明代前期朝廷重臣、翰苑侍從、書法名家四十三人的題贊墨迹，爲明代文化史、文學史、書法史研究的重要實物與文獻。諸家題贊，書法風格各異，可稱難得的藝術珍品。其中如明代第一大和尚姚廣孝的題贊，可能是其唯一的傳世手迹；而明初賢相『三楊』（楊士奇、楊榮、楊溥）和書法大家『二沈』（沈粲、沈度）的墨迹傳世甚罕，手卷所存可謂吉光片羽，彌足珍貴。此次刊布改卷裝爲經折裝，採用原版影印與題贊釋文相結合的整理方式，前半部分展示手卷原貌，後半部分爲題贊釋文、印章釋讀及題贊者小傳，既能滿足學術界對此珍貴文獻的研究需求，又可據之勾勒明初京師文化圈的面貌。

中法漢學研究所是法國中法教育基金委員會1941年在北京資助成立的漢學研究機構，設有民俗學組、語言歷史組、通檢組、圖書館、法文研究班等部門，開展文獻搜集整理和研究、翻譯工作。該研究所1953年撤離中國時，部分申請出關的圖書資料被中國政府徵購或没收，輾轉存藏於國家圖書館。《中法漢學研究所編》對其中曾毅公《五十年來之甲骨學》、陸翔《敦煌學著述考》、傅惜華《漢代畫像全集》三編、徐宗元《古今本竹書紀年合校》、柯昌泗《漢晋石刻略録》、羅常培《蒙古字韻跋》、魏建功《完全本王仁昫刊謬補缺切韻初次的討論》等未刊論著稿本以及神禡相關資料，進行整理研究，以求揭示這批珍貴稿本資料的學術價值，豐富敦煌學、甲骨學、民俗學等專題學術史，爲深入瞭解中法漢學研究所的學術活動，探究現代漢學研究史，提供文獻幫助。

著作稿抄本在國圖館藏寫本文獻中數量居多，近年頗有影印出版，加之閲覽方便，已漸爲學界所關注，因此未列爲本課題重點對象。不過考慮到有些著作稿抄本學術價值很高，甚至關涉重要學術論争，有必要予以刊布揭示，更便利學界研究，我們選擇方邁、王鳴盛、周廣業、孔廣栻、吴騫、王念孫、王引之、姚文田、李鋭、李文田等清代學者稿抄本予以影印，并分别撰寫研究解題。其中如李鋭《周易注疏校勘記》殘稿，是阮元主持纂修《十三經注疏校勘記》的重要文獻見證，有助於釐清當年校勘工作的緣起與修訂過程。《經義述聞》，涉及王念孫、王引之父子著作權的争議，是清學研究界關注的熱門問題。爲便於展開深入研究，我們將國圖館藏《經義述聞》初刻、二刻、三刻所據稿本及《校書録》稿本合併影印。其餘諸家稿抄本，亦精彩紛呈，各有可觀。

以上未刊文獻，雖然形式有别，但是日記、書札、題跋及著作稿抄本内容多有關聯，甚至可以相互印證，子課題實際都是總課題的有機組成部分。我們希望通過對這批未刊文獻的發掘整理，爲學界提供第一手的資料，以推動明清以至近現代學術史研究的深入。在整理過程中，根據文獻樣式的不同，我們分别採取釋讀、點校、輯録、影印、解題、小傳等整理研究形式，以期最大限度地發揮未刊文獻的功用。因爲未刊文獻的隨意書寫特性，文字辨識、内容整理難度很高，整理成果想必仍有不少訛誤，期待學界同人不吝指正。此項整理研究工作得到國家圖書館古籍館、北京大學中文系的大力支持，浙江大學文化遺産研究院白謙慎先生、薛龍春教授在文字釋讀方面給予無私的幫助，鳳凰出版社慨允出版，謹表衷心感謝。

北京大學中文系、中國古文獻研究中心　劉玉才

二〇一八年五月

目録

國語解訂譌

（清）孔繼涵、孔廣栻　輯校

解題

《國語解訂譌》（下稱《訂譌》）一卷，附《惠棟〈九經古義〉所引〈國語〉》。三國吳韋昭解，清孔繼涵、孔廣栻輯校。孔繼涵（1739–1783），字體生，一字誧孟，號葒谷，山東曲阜人，乾隆三十六年進士，官至户部主事，充《日下舊聞》纂修官。繼涵好古嗜讀，官京師時，常與友朋講析疑義。與戴震交二十年，名物象數，相與研説。及震歿，經紀其喪，並刻其集。置『微波榭』『紅櫚書屋』等處，藏書十數萬卷。遇罕見者，輒校勘付録，世傳《微波榭叢書》（中有《國語補音》三卷）。著《夏小正考異》《五經文字疑》《九經字樣疑》《水經注釋地》《紅櫚書屋雜體文》《紅櫚書屋詩集》諸書。孔廣栻（1755–1799），字伯誠，號一齋，繼涵子，乾隆四十四年舉人。祖傳鐸，字振路，曾於詩禮堂校刻《國語》。廣栻幼承庭訓，嗜讀書，言動若老成。及長，博及經傳子史，喜著述。事跡具戚學標撰墓誌、《曲阜縣志》。〔一〕繼涵著述多版行，惟蒐集各家説解《春秋》未備，廣栻踵而成之，纂輯《春秋世族譜》《春秋閏例日食例》《左國蒙求》諸書，皆未版行。所著《藤梧館詩鈔》等，亦未梓行，流通不廣。孔氏祖孫三代，於《國語》校刊傳播，功莫大焉。自孔傳鐸於詩禮堂校刊《國語》，繼涵過録洪榜校字，復假戴震舊藏宋明道本校之。廣栻輔翼其間，又校以元刊《補音》，蒐羅批校，乃輯爲《訂譌》。

是書爲中國國家圖書館藏朱格稿本（索書號：A02227）。半葉十行，行二十一字不等。稿紙白口，單魚尾，四周雙邊，版心下以墨筆標記葉數。白文頂格書寫，韋解空一字書寫，校

〔一〕〔清〕李桓《國朝耆獻類徵初編》卷四二〇，光緒間湘陰李氏刻本，頁59a—61a。孫永漢修，李經野、孔昭曾纂《（民國）續修曲阜縣志》卷五《人物志》，民國二十三年濟南同志印刷所鉛印本，頁28。

勘記及按語皆小字雙行。裝訂偶有錯葉，頁二六左至頁二六右一整葉（『楚語』至『必大敗之』）應接頁九四右半葉後。書内鈐『固始張氏所收』朱文長印，是爲河南固始藏書家張仁黼舊藏。中國國家圖書館藏孔廣栻《左國蒙求》《春秋世族譜》《春秋地名同名録》等稿抄本，亦多鈐此印。雷夢水《古書經眼録》著録『《國語訂譌》二卷，清曲阜孔菈谷撰，附録一卷（惠棟《九經古義》所引《國語》），定縣王壽彭據曲阜孔氏微波榭鈔本重鈔』，蓋即是書傳抄本。覈國家圖書館藏王籛跋孔氏詩禮堂刊本《國語》（索書號：04094），其天頭、地脚、行間有孔繼涵過録洪榜校字、孔廣栻校語及王籛按語。取與勘校，知《訂譌》所輯實據此書。《訂譌》轉録洪榜校字及天頭孔氏父子批校，其間眉批如汪中校記、《史記》引文、《群書治要》引文諸處，殆王籛所校，悉未過録。

《訂譌》引經注疏、史書、詩文諸書凡四十餘種，出校記六百三十餘條。繹其所事，略舉四端，以明其旨。

其一，校勘諸本，或存異文，或正訛謬。繼涵、廣栻積十數年之功，購借善本，校《國語》數番。《訂譌》『一本作某』『宋本作某』『元本作某』『毛本作某』，即其例也。『一本作某』者，爲孔氏過録洪榜校字，古注舊疏引文與之合者，《訂譌》不録，如詩禮堂刊本卷一『棄稷弗務』，『弗』字圈去，旁批『不』字，眉批作『昭九年《疏》「弗」，《豳譜疏》同，無「也」字』，《訂譌》出文『棄稷不務』及校記『「不」一本作「弗」，《豳譜疏》同，無「也」字』。《周語下》『小大器用於是乎出』，韋解『小謂錙銖方寸』，《訂譌》云：『分誤方，據元本改。』

其二，考經注疏，以他校明文本流傳狀貌。如《周語上》首句『穆王將征犬戎』，出校：『《周禮·秋官·大行人》蕃國疏引此「將征」作「初伐」。』『是故周文公之頌曰』，《訂譌》：『《時邁疏》引無「文」字。』《齊語》『公曰：「處士農工商若何」』，《訂譌》：『《左傳》宣十二年《疏》引此作「士工商農」。』

其三，輯漢以降舊注，尤措意於賈逵、王肅、孔晁諸家，或正韋解，補其未周。如《周語上》『夫兵戢而時動，動則威』，韋注『戢，聚也』，《訂譌》引《歎逝賦》李注引賈逵『戢，藏也』；『阜其財求』，韋解『阜，大也』，《訂譌》引《魏都賦》劉注引賈逵『阜，長也』。《周語下》『觀美而眩』，《訂譌》引《南都賦》李注引賈逵『眩，惑也。户偏反。』《魯語》『子將庀季氏之政焉』，韋解『庀，治也』，《訂譌》引《東都賦》李注引賈逵『庀，由理也』。

其四，偶出按語，條别是非，或存疑俟考。如《周語下》『田疇荒蕪』，韋解『穀地爲田，麻地爲疇』，《訂譌》云：《文選》曹植送應氏詩注引《國語》賈逵注曰「二井爲疇」，王粲《登樓賦》注賈逵曰「一井爲疇」。』孔氏按語云：『《孟子》趙岐注「疇，一井也」。《正義》云：「《説文》謂耕治之囚也。」不知何據。』又，《越語上》『廣運百里』，韋解『言取境内近者，百里之中，東西爲廣，南北爲運』。孔氏按語云：『運蓋遠字（去聲），聲轉耳。《方言》卷六「遥，廣遠也」，節注引韋注云云，蓋廣亦可言遠。』

《訂譌》傾力文本校勘、舊注輯佚二端，頗具條理，多資考證，然所見不廣，徵引闕略，是非亦多難定。雖名『訂譌』，於明道、公序二本，校勘未周，亦少按斷。孔氏祖孫三代於《國語》之功，取國家圖書館藏王箋跋孔氏詩禮堂刊本《國語》、明德堂刊本《國語補音》、《微波榭叢書》本《國語補音》及《訂譌》四書，對讀可明，亦爲探研《國語》之助云。

高樹偉

國語解訂譌

國語解訂譌　闕里孔廣栻輯

周語上　吳雲陽韋昭注

穆王將征犬戎　周禮秋官大行人舊國疏引此將征作初伐

夫兵戢而時動

韋昭注戢聚也　歎逝賦注戢藏也

是故周文公之頌曰　時邁疏引無文字

阜其財求

注阜大也　魏都賦注阜長也

昔我先世后稷　左傳成十六年亙我逐民疏引此作昔我先王世后稷　昭九年傳我自夏以后稷郎引此無王字　詩邇譜疏、疏同書武成引周語云昔我先王后稷長發疏引韋昭云王之先祖后稷王

此注[illegible]其[illegible]之[illegible]之蓋謂下先王不窋注也

及夏之衰也棄稷不務　不一本作弗　昭九年幽譜疏引無也字

奕世載德

注載成也　魏武文注載猶行也

商王帝辛大惡于民庶民弗忍欣戴武王　東京賦注商王大惡庶民

不忍欣戴武王

歲貢

注歲貢于壇墠　古詩注貢獻也

有威讓之令有文告之辭　文心雕龍檄移第二十篇引此疊一令字

其無乃廢先王之訓而王幾頓乎　尔之釋言疏無其字

遂征之　大行人疏遂下有往字

國語解訂譌　闕里孔廣栻輯

周語上　吳雲陽韋昭注

穆王將征犬戎　周禮秋官大行人蕃國疏引此將征作初伐

夫兵戢而時動

韋昭注戢聚也　歎逝賦注戢藏也

是故周文公之頌曰　時邁疏引無文字

阜其財求

注阜大也　魏都賦注阜長也

昔我先世后稷　左傳成十六年立我烝民疏引此作昔我先王世后稷　昭九年疏我自夏以

后稷節引此無王字詩邇譜疏、疏同書武成引周語

云昔我先王后稷長發疏同韋昭云王之先祖故稱王

奕世條上

而自竄于戎翟之間

注郊西接戎北近翟　一本接作近　豳譜縣疏同

得四白狼四白鹿以歸　八行人疏無四白狼三字

恭王遊於涇上密康公從　詩唐風綢繆疏引密康公遊于涇

必致之於王　無於字

夫粲美之物也衆以美物歸女而何德以堪之　粲美物也女則

小醜何以堪之

名王告王曰民不堪命矣　一本無王之左傳昭二十六年疏引此亦無王字皆作也

注名公名康公之後　後一本作孫詩黍苗疏引亦作

國人莫敢言　無人字

瞽獻典

注無目曰瞽瞽樂師典樂典也　一本典皆作曲補音云曲作禮記表記

……左傳襄十
四年師曠于晉侯疏引此作陳典又引韋昭云公以
下至上士各獻諷諫之詩翰陳學曲獻之于王是言
瞽為樂歌之事

厲王說榮夷公

注榮國名夷謚也 尚書肅慎之命疏引晉語周召畢榮〻〻注國語者皆云榮周同姓

邵公曰吾告騶諫王〻不從是以及此難

注及至也 周易屯卦釋文難賈逵注周語云畏憚也

土乃脈發

注農書曰春土冒橛 漢制攷引作橛

班三之

注三於下各三其上也 於甘泉賦注作之

紀農協功

注紀猶綜理也 一本作謂悼亡詩注紀録也

三十九年戰于千畝王師敗績于姜氏之戎

注姜氏之戎西戎之別種四岳之後也傳曰戎諸戎四岳之裔胄言宣王不納諫務農無以事神使民以致荀敗之咎也 祈父疏引此有孔晁云宣王不耕籍田神怨民困為戎所伐戰于近郊

幽王三年 三年穀梁序疏作之時左傳僖十四年疏三作二時二十二年疏同黍離疏作三十月之交疏同

西周三川皆震

注西周謂鎬京也蓋岐之所近也三川涇渭洛出於

岐山也汭一本作洛・左傳昭二十三年疏同承云西周在雒周之域
民之亂也民亂一本亂之綱目[illegible]左年疏同
陰遁而不能烝于是乎有地震遁一本作迫綱目及文九年左傳昭二十三
年疏同文九年疏于是上有遂字昭二十三年疏又孔
晁云陽氣伏于陰下見迫于陰故不能升以至于地動
川源必塞源塞國必亡矣夫水土演而民用也水土無
演左傳昭二十三年疏無川字源作原有原塞塞國必
亡五字綱月必亡下有矣字左傳昭二十三年疏無用下有
足是字左傳疏無水土無所演無水字有所字

注演猶潤也長笛賦注演引也

今周德若二代之季矣其川源又塞塞必竭十月之交疏引無德
字矣字又作必無下塞字

亡之徵也川竭山必崩若國亡 左傳僖十四年疏引此亡下有國字十月之交疏同無也字昭二十三年疏若下無國字

精潔惠和 五君詠注精明也

回祿信於聆隧 聆音含說文巨今切 左傳莊末年疏聆借黔昭十八年疏同或作黔

鸑鷟鳴於岐山

注三君云鸑鷟鳳之別名也 南都賦注引賈逵注無鸑字 長笛賦注引說文曰鸑鷟鳳屬神鳥也｜國語曰周文王時鸑鷟鳴于岐山景福殿注作鸑鷟 司馬彪贈山濤詩及注引說文同按說文作鸑云〻江中有鸑鷟似鳧而大赤目鸑五角切鷟從鳥族聲士角切

杜伯射王于鄗 穀梁序疏引此射下有宣字左傳襄二十四年莊末年疏同襄二十四年疏鄗作鎬詩小大雅譜疏同有王字

丹朱馮身以儀之生穆王焉

注丹朱馮依其身而匹偶焉生穆王爾疋疏引韋注以作之焉在穆王也

實臨照周之子孫而禍福之夫神壹不遠徙遷焉若由是觀之其丹朱乎實字上一本有是字尔雅釋詁疏無乎字無焉字壹作一又丹朱下一本有之神二字左傳莊末年疏同尔雅釋詁疏無

精意以享禋也尚書洛誥疏二處及文選注皆引作精意以享謂之禋又東京賦注精意以享謂之禋祀此句係孔安國尚書傳語或安國誤作國語

夫執王早替其摯也左傳僖十一年疏引此摯作質下贄質同

拜不稽首誣其王也誣元本毛本並誤無下兩誣王及誣之同

鄭伯南也　左傳昭十三年疏王肅注外傳及左傳皆云鄭伯爵而連男言之猶言曰公侯足句辭也

使各有寧宇　宇尚書禹貢二百里流疏及毛詩頌殷武疏引作寓　沈廷芳正字云當古本作㝢字也

注寧安也　南都賦注引賈逵曰不脫屨升堂曰宴　左

親戚宴饗　傳宣十六年疏引此云▲注國語者皆云禘祭宗廟郊祭天地則有全其牲體而升於俎謂之全烝王公立飫即享禮也禮之立成者名為飫半解其體而升於俎謂之房烝傳言體薦即房烝也親戚宴享則宴享禮同皆體解節折乃升於俎謂之殽烝也

靜其巾冪　宜作靜

將以講事成章　章常棣疏引作物

五聲昭德

注亦謂見其樂知德　知下疏本有其字

將焉用全祭 焉左傳疏作安

遂假道於陳以聘於楚 爾雅釋詁疏引此聘下無於字 穀梁隱七年疏有

道茀不可行也 綱目無也字

候不在疆 穀梁隱七年疏引此候不上有陳人二字 疆周禮夏官候人道路注引作竟地候司闕

疏引此在作出

畱賓不見 綱目作弗

單子歸告王 穀梁隱七年疏引此歸下有以字

辰角見而雨畢

注 雨畢者殺氣日盛雨氣盡也 宋本盛作至爾而雨二字 陳以綱按儀禮集傳

引同宋本

本見而草木節解

注本氐也謂寒露之後十日陽氣盡草木之枝節皆理解也吴都賦引本氐也謂霜降之後生氣既衰草木枝葉皆節理解落也

十月成梁

注夏令夏后氏之令周所因也除道所以便行旅成梁所以便民使不涉也月令仲秋疏引此注除作治旅下有通也二字便民使作使民二字無也字

待而畚梮綱目待作偫梮作梮

此先王之所以不用財賄一本無之字綱目同

囿有林池綱目囿作園

功成而不收綱目無而字

是棄先王之法制者也綱目無者字穀梁疏同

敵國賓至關尹以告地官司關凡賓客節疏引此文賓至下疊以關字

行理以節逆之

注理吏也逆迎也執瑞節爲信而迎之行理小行人也左傳僖三十年疏引此賈逵曰理吏也小行人也孔晁注國語其本亦作李字注云行李行人之官也

膳宰致餼綱目作饔穀梁疏作飧

百官以物至浦音本下官字硃筆改各綱目同

至于王使一作吏綱目同

承王命以爲過賓于陳而司事莫至穀梁疏今自承王命以過陳司事莫至

惠以和民則阜

注阜厚也　魏都賦注阜長也

其何任不堪上任事而徹　綱目何任下有之字上任作上作　綱目疊一儉字

今夫二子者儉其能足用矣

魯叔孫之來也必有異焉其享覲之幣薄而言諂　左傳成十三年疏引此無也必二字及享覲之三字

若貪陵之人而爲其願　左傳疏綱目無其字

王曰諸使私問諸魯請之也　左傳疏無曰諸二字請之也上有魯人曰三字又孔晁云行人使人也以使人之禮禮之不從聘者之賜禮也

吾曰子則賢矣抑晉國之舉也　左傳疏無子字上有吾字無抑字也字

夫何次之有昔先大夫荀伯自下軍之佐以政趙宣子未有軍行而以政令欒伯自下軍往左傳疏無夫字昔荀伯下自字兩政字上并有爲字栻按左氏傳先軫趙五等爲將云尚德也又趙武自新軍趙四等代爲偃將上軍荀首以下軍大夫趙九級佐中軍

吾又過於四之無不及若佐新軍而升爲政左傳疏無於四二字及字下有也字升作以之二字

兵在其頸左傳成十六年疏引此無其字頸字下有者字

郤至佻天

注佻偷也說文郤至挑天遶也从手兆聲一曰撓也土凋切

高位寔疾僨

楚語

莊王使士亹傅太子箴周禮瞽矇疏引箴作葴尚書甘誓疏引此莊王作昭王士亹作觀財文下同

啓有五觀啓作夏五觀作觀扈

文王有管蔡文王作周以上甘誓疏

以戒勸其心瞽矇疏其心二字作之

教之世而為之昭明德而廢幽昏焉瞽矇注無而字

注世先王之世繫也一本世字下有謂字瞽矇疏引此注云云先王之繫世本使知

有德者長無德者短

以休懼其動周禮春官瞽矇世奠繫鄭注引此休作怵陸德明釋文怵勑律反北本作休沭廷

芳云休懼从承脂靡作怵字誤也

湫舉奔鄭 左傳襄二十六年疏湫作椒

遇之於鄭郊饗之以璧侑 一本無郊字左傳疏有侑作賄

昔莊王伐弱 左傳文十四年疏引此昔作楚

燮及儀父施二師而分其室

注施舉於二師〻〻潘崇手孔也 師一本並作師左傳疏作師

若易中下楚必歆之

注中下中軍之下也歆猶貪也易欒范之行示之以誘楚也 下也字上戴東原增上字易欒范上增以簡字左傳襄二十六年疏有此二字誘作誑

必大敗之

注憒憒也一本作頽禮記郊特牲有虞氏之祭也篇
末節疏引此作頽頽綱目作憒・羊叔子讓
開府表注張士然爲吳令謝詢爲諸孫置守冢人表
注引此並同七命注賈逵曰頽憒也

厚味寔腊毒

注腊亟也讀若廟昔酒爲味厚者其毒亟也七命賈逵曰腊
久也七啟注同言味厚者其毒久也周禮天官酒
人昔酒注今之酋久白酒所謂舊醳者也疏言昔爲
久酋亦遠久之義故周語云味厚厚味實昔毒酒久
則壽也

天地所祚

注祚福也西京賦注天地之所祚賈逵曰祚福也東
都賦注祚祐也

且吾聞之成公之生也其母夢神規其臀以墨胡竹岩先生曰
之本作晉墨左傳桓六年疏引作黑宣二年疏元本同
禮記不以隱疾疏同無其母二字

靈王二十二年晉紀總論作二十年

穀洛鬭將毀王宮西征賦注鬭上有二水字將作欲

注兩水格有似於鬭也西京賦注賈逵曰兩會似于鬭宋庠補音激作格云俗本作激非是

太子晉諫曰周禮地官序官澤虞疏引此太子上有靈字

晉聞古之長民者民作人無者字

疏爲川谷以導其氣

注疏通也西征賦注疏除也

然則無夭昏札瘥之憂而無飢寒乏匱之患則綱目作後札綱目同一作札無而字

有崇伯鯀

注鯀禹父崇〻鯀國名伯爵也〻舜典疏引此賈逵注云鯀國作國名

共之從孫崧高疏引共下有工字　左傳隱末年疏引周語堯命禹治水共之從孫四岳佐之胙四岳國命為侯伯賜姓曰姜氏曰有呂賈逵云共〻工也從孫同姓末嗣之孫四岳官名大岳也主四岳之祭焉又莊二十二年疏姜炎帝之姓其後變易至於四岳帝復賜之祖姓以紹炎帝之後以上襄十二年疏同

火無災燀

注燀炎起貌景福殿賦注燀炎起貌昌延切

度之於軌儀

注軌道也儀法也文賦注軌法也

皇天嘉之崧高疏作帝嘉禹德

胙四岳國命爲侯伯 嶽高疏無命字禹貢疏引無國字王風揚之水疏引并無命字
元本胙作祚

氏曰有呂謂其能爲禹股肱心膂以養物豐人也
注呂之爲言膂也 讓中書令表注膂脊也

今吾執政無乃實有所避而滑夫二川之神 避西征賦作辟滑作
淈

至於今未弭
注弭止也 雜體詩注弭忘也

十五王
注謂后稷不窋鞠陶公劉慶節皇僕差弗毀隃公非

子高圉亞圉公祖大王〻季文王也鞠陶一作鞫及公祖類公祖一作公
孫祖類晋紀總論注差作羲喻作俞祖作組
基德十五而始平修是元王基教注大王基德十五王而始平也
成王能明文昭能定武烈者也夫道成命者而稱昊天
昊天有成命疏引無下能字夫誤天
廣厚其心以固和之無以字
故曰成成下有王字
賡保明德
注賡抱也而征賦注賡受也東都賈逵注同
景王二十一年將鑄大錢

注省之不孰耳 胡竹岩先生之省本作考

權輕重

注權稱也 六代論注權秉即柄字也策秀才文注權平也若物直千二而毋當一千則子二百平之也

闔石和鈞

注闔門闔之征也 魏都賦注闔通也尚書注同

田疇荒蕪

注穀地為田麻地為疇 文選曹植送應氏詩注引國語賈逵注曰二井為疇王粲登樓賦注賈逵曰一井為疇 栻樓孟子趙岐注疇一井也正義云說文謂耕治之田也不知何據

二十三年 綱目作二十四年庚辰

大不出鈞

注鈞所以鈞音之法也以木長七尺有弦繫之以爲

鈞法胡竹岩先生曰薛瑩書建初二年太常丞鮑

鄴上言請作十二月均各應其月氣知鈞音之

法漢時尚有師傳不後漢律志注

小大器用於是乎出

注小謂錙銖方寸分謂誤方据元本改

觀美而眩南都賦賈逵注眩惑也户編反

聽言昭德則能思慮純固綱目無能字

求無不獲然則能樂綱目則作後

口内味而耳内聲綱目耳内聽

若視聽不和而有震眩 有下綱目有以字

細不過羽 集傳月令孟春疏引作踰

苐以及羽 集傳無苐字綱目有

匏竹尚議

注議從其調利 集傳作調和

律以平殺 集傳平作民

金石以動道之

注道已志也誦之曰詩 東都賦注道由也誦之曰詩四字一本無集傳有

而行之以遂八風

注正西曰兌為金為閶闔西北曰乾為石為不周正

北曰坎爲革爲廣莫東北曰艮爲匏爲融風正東曰震爲竹爲明庶東南曰巽爲水爲清明正南曰離爲絲爲景風西南曰坤爲瓦爲涼風集傳俱有風字

道之以中德

注中德中庸之德舞也舞亦作敄式云敄字亦衍陳竹丁云集傳有舞字

伶人告和詩簡兮疏引和作縣又注左傳昭二十一年疏引此孔晁云〻同

王將鑄無射問律於伶州鳩對曰律所以立均出度也問律詩簡兮疏引作而問州周禮地官大司徒疏引作周春官大司樂引對字上有鳩字度字下無也字攷工呂氏疏同七發注無出字左傳昭二十年疏引王上有景字餘並同此原文

古之神瞽考中聲而量之以制度律均鍾呂氏攷中聲而量〻以制

度々律均鍾　左傳昭二十年疏引同此原文

注度律度律呂之長短以平其鍾和其聲　晁氏疏聲下有也字

左傳襄十九年疏引此賈逵云律謂六律六呂以均鍾大小清濁也考成也成平也平中和之聲度律呂之長短以立均鍾以成和平之聲而百官之道得象而儀之

夫六中之色也故名之曰黃鍾

注法云九分之六　元本九寸之一

贊陽出滯也　嘯賦注陽作揚

五曰夷則所以詠歌九則平民無貳也　月令孟秋疏周語注云乾九五用事夷平則法也言法度平故可詠歌九功之法平民使不貳也　冊魏公九錫文

六曰無射所以宣布哲人之令德示民軌儀也

注示作留　月令季秋疏引周語注云乾上九用事無射陽氣上升陰氣收藏萬物無射者也喆人后稷布其

德教示以法儀當及時銍穫而收藏之

元間大呂助宣物也月令季冬律中大呂注引此助下有陽字玩注文當此脫

二間夾鐘出四隙之細也月令仲春疏引周語注夾鐘云夾助陽四隙謂黃鍾大呂

大簇夾鍾比助出四隙之微氣令不滯伏於下也

四間林鍾

注僞詐月令季夏疏引此作詭

五間南呂贊陽秀也月令仲秋律中南呂注引此秀下有物字字疏引此注陰佐陽秀成

物也

六間應鍾均利器用俾應復也孟冬疏引坤六三用事應當也言陰當代陽用

事百物可鍾藏則均利百工之器俾應復者陰陽用事

終而復始也

王曰七律者何左傳昭廿年疏引此賈逵註云周有七音謂七律謂七器音也下黄鍾之至變徵用比
昔武王伐殷殷周禮地官大司徒疏引作商春官小胥疏伐殷作商
歲在鶉火
注殷之十一月二十八日戊子左傳疏一作二子作午下同
月在天駟
注謂戊子日月宿房五度謂戊子其日月合宿於房五度
日在析木之津
注宿箕七度宿作在
辰在斗柄
注謂戊子後三日得周正月辛卯朔於殷為十二月

夏為十一月是日月合辰斗前一度謂戊子後三日
朔日月合朔於箕十元本一度在斗前一度得周二月辛酉
星在天黿馮相氏疏引黿作元
注須女左傳疏作婺女
武武王發行胡竹岩先生云武王發商師
星與日辰之位皆在北維左傳昭二十年疏無日字幽通賦注無皆字
則我皇妣大姜之姪伯陵之後逢公之所馮神也
注逢公伯陵之後大姜之姪殷之諸侯左傳昭九年疏引孔晁云
逢公大姜之姪伯陵之後逢公殷之諸侯也
又我實出於水家家元本作象

歲之所在，則我有周之分野也。一本無也字　左傳昭二十年疏有　周禮地官大司徒疏引無有周二字

月之所在，辰馬農祥也。左傳疏無有字下自鶪及駟七列也南北之揆七同也並同

王詒合是五位三所而用之。馮相氏注引王合位於三五

注五謂歲月日星辰也。星辰詩大雅大明疏引作辰星孔駁華注　左傳昭二十年疏三所者星辰與日辰之位是一所也歲之所在是二所也月之所在是三所也

自鶪及駟七列也。一本無也字　春官小胥疏自鶪及駟作鶉火及天駟有也字

南北之揆七同也。一本無也字　小胥疏同作月有也字

凡神人。左傳昭二十年同　一本作神人

於是乎有七律。左傳昭二十年疏律下有也字

未畢而雨

注叶同之應也武成疏引叶作和

景王既殺下門子左傳昭二十二年疏既作欲　西征賦晉達注曰子朝景王之長庶子也

夫禮之立成者為飫不脫屨升堂謂之飫　文選注引從毛詩小雅常棣注疏校

魯語

非故也

注故〻事也　上林賦注故謂也

文仲以鬯圭與玉磬　周禮春官典瑞疏引此無玉字

温之會晉人執衛成公歸之于周使醫鴆之不死醫亦

不誅　周禮掌戮疏會作役無歸之于周使醫鴆之不死醫亦不誅十四字

刑五而已　作大刑有五

隱乃諱也

注謂鴆也　褚白馬賦注隱私也

大刑用甲兵

注賈侍中云謂諸侯不式王命則以六師移之舜典疏引賈注諸侯逆王命征討之刑也周禮疏引此注云諸侯逆王命征討之

其次用斧鉞其次舜典疏引作次刑周禮疏斧鉞注謂犯斬罪者

中刑用刀鋸周禮掌戮疏引此刀鋸注云用刀以劓之鋸以笮之

其次用鑽笮長當賦注笮賈逵注為鑿與笮同音義同鑽子九切

注鑽臏刑笮黥刑也周禮疏引此鑽笮注云鑽鑿涅墨笮割勢謂宮刑也

小者致之市朝

注其死刑大夫以上尸諸朝士以下尸諸市舜典疏引賈注大夫已上於朝士已下於市

今晉人鴆衛侯不死 左傳僖三十年疏引人作戾不上有而字

皆將爭先 爭先補音作事于疑訛

善有章

注章著也一本著作明顏延之曲水詩注彰著也

悉有釁

注釁孔也 孔一本作兆曹植責躬詩注釁兆也謂罪朔兆也陸機答賈長淵詩注釁兆也言禍有兆獄按下子臧叔穀伯如晉節之之若鮑氏有釁注釁兆也則兆作孔其訛甚明

海鳥曰爰居止于魯東門之外二日 二一本作三郭璞遊仙詩注無之字二亦作三左傳爾雅疏同

臧文仲使國人祭之展禽曰越哉臧孫之為政也夫祀

國之大節也而節政之所成也故慎制祀以為國典爾雅釋鳥疏使作命無而字無慎字祀上有祭字左傳疏同

夏之興也尚書夏社疑至臣扈疏引此云、興當作衰字之訛耳

慕能帥顓頊者也有虞氏報焉杼能帥禹者也夏后氏報焉左傳昭八年疏引此帥作師又孔晁云慕能修道功不及祖德不及宗故每于歲之大烝而祭焉謂之報尚書伊訓疏同

雝以為仁且智矣爾雅釋鳥疏為作言左傳疏同且作日

不知而不問問下一本有能字爾雅釋鳥疏不巫作弗無能字左傳疏同下不字作不

恒知而避其災也是歲也海多大風冬煖爾雅釋鳥疏恒作皆無而字及兩也煖作暖避作辟左傳文二年疏同郭景純注山詩注知下有風字爾雅疏同

文公欲弛孟文子之宅

注弛毀也 晉紀總論注弛廢也

夏父弗忌必有殃 左傳文二年疏引此殃上有天字

焚煙徹于上 左傳文二年疏引此徹作達又孔晁云已葬而柩焚煙達穆妙

宣公夏濫於泗淵 西京賦注魯宣夏濫於泗流釋獸疏有魯字爾雅釋疏作泗淵

取名魚登川禽而嘗之寢廟行諸國人 一本無人字周頌潛疏引無登川禽及寢字儀禮集傳引有人字

獸虞於是乎禁罝羅 王制歲三田疏引此無獸虞二字罝下有罦字羅下有網字注云謂季春時

禁罝麗 西京賦注罝禁罜麗韋昭曰罜羅小網也

山不槎蘖
注槎斫也西京賦注賈逵曰槎邪斫也魏都賦注善曰槎士雅切
魚禁鯤鮞詩齊風敝笱疏引鮞作鱬
獸長麑麌
注鹿子曰麑麇子曰麌王制歲三田疏引麌作夭爾雅釋獸疏麑作麛注同
幽滅於戲左傳昭二十六年疏引此幽字下有王字詩王譜疏同云戲驪山北水名也皇甫謐云今
京兆新豐東二十里有戲亭是也
注戲戲山在西周詩王譜疏引孔晁曰戲西周地名韋昭曰山名非也
且吾聞以德榮為國華西京賦注引德下無榮字顧延年贈王太常詩注作德榮
馬餼不過稂莠爾雅釋艸疏引此無餼字詩曹風下泉疏同

晉悼公饗之

注以饗禮見之 元本補音作賓饗之

晉侯使行人問焉

注行人官名掌賓客之禮傳曰韓獻子使行人子員問焉 左傳襄四年疏引此孔晁注云韓獻子白晉侯使行人問也

皆昭令德以合好也皆非使臣之所敢聞也 左傳疏引無兩皆字兩也字

咨才為諏

注才當為事傳曰咨事為諏 左傳疏引此孔晁注云材謂政幹也

重之以六德

注六德謂諏也謀也度也詢也咨也周也左傳疏人
引孔晁云既有五善又自謂無及成爲六德

及溼莫濟詩苦葉疏引作不

及匏有苦葉矣左傳襄十四年疏及作在

夫苦匏不材於人共濟而已詩苦葉疏匏作葉共作供

璽書

注璽印也古者大夫之印亦稱璽書璽或作印封書

也璽字見周禮地官司節漢志攷引左傳正義蔡邕獨斷云璽印也信也天子璽白玉螭虎紐古者尊卑共之衛宏云秦以前民皆以金玉爲印唯其所好自秦以來唯天子之印獨稱璽又以玉群臣莫敢用也

踦跂畢行

注蹄跂跰蹇也藉田賦從後牽曰掎

其中有羊焉使問之仲尼曰吾穿井而獲狗思玄賦注吾聞穿井

得狗羊上有墳字

木石之怪曰夔蝄蜽水之怪曰龍罔象土之怪曰墳羊

注木石謂山也或云夔一足越人謂之山魈或作𤢖

魈元本作繅富陽有之人面猴身能言或云獨足蝄蜽山

精好斆人轂而迷惑人也龍神獸也非所常見故曰

怪或云罔象食人一名沐腫唐云墳羊雌雄不成者

左傳宣四年疏引木石之怪夔罔兩水之怪龍罔象

賈逵注云罔兩罔象言有夔龍之形而無實體南

都賦注引木石之怪夔水之怪龍罔象曰木石為山

也夔一足也海賦注蝄蜽作魍魎字木下無石字不

作　說文木石之怪夔蝄蜽山川之精物也徐鉉
等曰今俗別作魍魎非是　淮南王說蝄蜽狀如
三歲小兒赤黑色赤目長耳美髮蝄从虫网聲文兩
切　蜽良獎切

夫婦學於舅姑者也　禮字
也字上一本有禮字爾雅釋親無

以露睹父為客羞饔為小云云祭養尸　左傳襄二十七年趙孟為客疏
引此尸上有上字　露作路無以字為字

子將庀季氏之政焉

注庀治也　東都賦注庀由理也

昔聖王之處民也　左傳成六年疏引昔下有者字

擇瘠土而處之

注墝确為瘠　西京賦注引韋昭注同

沃土之民不材淫也

注沃肥美也不材器能少也淫左氏傳成六年傳國饒則民驕佚疏引此作逸襄二十五年傳井衍沃疏引此將不材二字作逸

糾虔天刑

注糾察共也三國志引此作糾察也文選冊魏公九錫文同

夜儆百工中論引此百工上有其字

夜庀其家事

注庀治也南都賦晉達注庀由理也

王后親織玄紞公侯之夫人加之以紘綖卿之內子為大帶命婦成祭服列士之妻加之以朝服自庶士以下

皆依其夫葛覃毛傳古者王后織玄紞公侯夫人紘綖
卿之内子大帶大夫命婦成祭服士妻朝服
庶士以下各依其夫疏云魯敬姜語音義庶士庶人在
官者本或作庶人
闟門與之言說文闟門而與之言弃妾切
無洶滂古詩注洶作揮
無椙脣長笛賦注椙苦洽切
墮會稽思玄賦注墮作隳
穫骨焉左傳文十一年疏同無焉字
節專車

注專擅也海賦注擅作滿
吴子使來好聘左傳疏無好字

且問之仲尼　左傳疏無且字

昔禹致羣神於會稽之山

注羣神謂主山川之君為羣神之主故謂之神　王制凡九州節疏引此致作朝神作臣　左傳疏神亦作臣　思玄賦注神作臣疑誤注同觀注所釋可見　益稷疏禹朝群臣于會稽　魯語文也　四月維夏疏引禹會群神於會稽

禹殺而戮之　思玄賦注禹下有乃字

防風氏何守也仲尼曰注芒氏之君也　左傳疏無兩也字

守封隅之山者也　隅一本作嵎　左傳疏作隅

於周為長翟　作長狄氏

今為大人　為作曰

肅慎氏

注肅慎北夷之國左傳昭九年疏引北下有東字按疏引此韋昭注云〻肅慎東北夷之國去扶餘千里晉之玄菟即在遼東北杜言玄菟北三千里是北夷之近東者故杜言北夷皆言東北夷

通道於九夷八蠻尚書肅慎云命疏引此通上有逸字百作八詩下武疏同

肅慎氏貢楛矢石砮說文砮乃都切

其長尺有咫先王欲昭其令德之致遠也以示後人使

永監焉故銘其栝曰肅慎氏之貢矢尚書旅獒疏引魯語韋注云通道譯使懷柔之又氏下有來字無二其字也字栝作楛無之字詩下武疏引肅慎來賀

分異姓以遠分之職貢無職字

分陳以肅慎之貢 貢作矢

昔正考父校商之名頌十二篇於周太師 周頌譜引昔作有商頌譜

父下有故字周下有之字周頌譜周

昔曰先民 孝經聖治章第八疏引此無昔字

陷而能恭 能元本作後

齊語

軍門

注軍門立旌為門　一本門上有軍字　漢制攷無

轉本肇末　說文轉肓充切

四民者勿使雜處　周禮夏官諸子疏民無使雜處

雜處則其言哤

注哤亂貌　長笛賦注哤雜聒殼也

雜處則其言哤其事易　其言哤其事易六字周禮地官大司徒疏引作亂字

士農工商　左傳宣十二年疏引此作士工商農

群萃而州處　謝平原內史表注州作同

審其四時

注謂水土凝釋之時也 水土一本作兆生 秉本同

負任儋何 一本作擔荷 元本擔

市賤鬻貴

注市取也 元本聚

以旦暮從事於田野 野補音作而

秀民

注民之秀出者 元本秀作特

有司已於事而竣

注竣伏退也 說文竣七倫切倨竣也 東京賦注踆與竣同

二十一鄉

注農不在焉 在元本與

公鄉師五鄉焉 五綱目作十一

有拳勇股肱之力

注大勇爲拳詩曰無拳無勇 說文有捲勇氣勢也从手捲聲一曰捲收也臣鉉等曰今俗作居轉切以爲捲舒之捲巨員切

有司已於事而竣逡 爾雅釋言注引此已下有復字竣作

有功休德 元本功能休德

不疚

注不病不罷也 罷一本作能 元本同

陸阜陵墐井田疇均

注麻地曰疇 賈逵曰一井爲疇

犧牲不畧

注畧奪也 恨賦注畧簡也

則牛羊遂

注遂長也 絶交書注遂從也

君若欲從事於天下諸侯 補音本無天下二字

荊州諸侯莫不來服 莫下一本有敢字元本同

兵不解翳

注翳所以蔽兵也 說文翳作医於計切盛弓弩矢器也从矢从匚

二君殺死國絕無嗣桓公聞之左傳僖十九年疏引殺作弑無聞之二字

衛人出廬於曹詩衛風木瓜疏引曹作漕

其畜散而無育無育元本木瓜疏作死三月

垂櫜而入櫜補音改櫜

晉語

吾以子見天子 褚淵碑文注作吾以見之

敬壹事之 之補音作也

則致死焉 任昉蕭公行狀注焉作矣

攜民 攜亦作擕謝靈運詩注同

昔夏桀伐有施〻人以妹喜女焉 人左傳昭二十八年釋文作氏妹作末 疏引有施下有氏字

殷辛伐有蘇有蘇氏以妲己女焉 周禮疏引氏在有蘇上 有蘇氏之女也

韋昭〻云已姓也

有褒人以褒姒女焉 左傳昭二十六年疏無有字二十八年疏有

於是乎與虢石甫比　左傳昭二十八年疏無乎字

大子出奔申　昭二十八年疏無出字

周於是乎亡　昭二十八年疏無乎字二十年疏有

夫三季王之亡也宜　藉田賦注作宜也

肆侈不違　肆補音四注同

將弗克饗　補音無克字

民之瘼心

注瘼病其君也　君子行注瘼惡也

夫人知有極

注覬欲也　西京賦注覬望也

以皋落翟之朝夕苛我邊鄙
注苛擾也 西征賦賈逵注苛煩也
偏裻之衣
注裻在中左右異 一本有色字魏都賦注同
且是衣也 左傳閔二年疏引此有之字
注阻古詛字 左傳閔之年疏引此有也字
以尨衣純 爾雅釋器疏引作厖
雖蝎譖
注蝎木蟲也 爾雅釋蟲蝎蛣蜛郭注木中蠹蟲又蝤
蠐蝎郭注在木中今雖通名爲蝎所在,
異又蝎桑蠹郭注即蛣蜛

主孟啗我方言卷十二姑孟姊也注引外傳曰孟啖我是也

我敎茲暇豫事君西征賦注我敎暇豫之事君　七啓注茲作汝

人皆集於苑人曹顔遠感舊詩注作鳥字爾雅疏作人

不飧而寢飧爾雅疏引作餐

曩而言戲乎乎爾雅釋言注引作也

衆謂國亡不久國元本脫

小國襲焉曰服

注襲入也褚白馬賦注襲受也

是以遂於逆命遂元本作逆

我爲子行之行文選注作從

潰而不可救禦也　補音本無禦也二字

非畏誰代　代補音本作伐　元本同

嬖大夫巫鄭與我來吾命之以負蔡之田七十萬　廑校云本脱嬖

大夫三字禮記注疏引無此三字在禮弓晉獻公之喪

節葵作蔡元本同

掃除宗廟　禮記宋本注疏引此除作祭元本同掃作歸

黃金四十鎰

注二十兩為鎰　詠史詩注一鎰二十兩七發注賈逵曰一鎰二十四兩

禍公陪於韓

注禍謂會惏之禍也　惏亦作狀　元本同

監戒而謀　監西京賦注作鑒賈逵曰監察也韋注同

具達於外　左傳僖十年疏引此達作徹書盤庚中具厥

注不欲爲無禮者所棄也　左傳疏無也字

貞之無報也　無元本作不

衆莫不知　爾雅釋天疏引此無衆字

秦饑公令河上輸之粟　左傳僖十四年疏引此作秦饑惠公命輸之粟

弗予　予作與

舅所病也

注諸侯謂異姓大夫曰舅　左傳僖十四年杜預注號射惠公舅

殺晉君與逆出之與以歸與復之　一本歸字下有之字胡竹岩先生云之字宜在歸字上

齊楚又交輔之

注交夾也 羽獵賦注交共也

鄭也賊而亂國 國元本作鄭

將死於齊而已矣曰民生安樂誰知其它 左傳疏無矣字誰作孰

而知文公之安齊而有終焉之志也 無而字志也二字作心

莘莘征夫 詩皇華疏作駪駪

猶懼無及 無字作不

況其順身縱欲懷安將何及矣 無順身二字矣作乎

懷與安實疚大事 詩鄭風將仲子疏引此實下有敗名二字疚作病 皇華疏同

吾其從矣 皇華疏作吾從之矣

吾食舅氏之肉　左傳疏無之字

余未知死所　余作吾

設微薄而觀之

注薄迫也　左傳釋文薄如字迫也國語云薄簾也

可謂賢矣　矣左傳疏作乎

晋公子之亡　一本晋之上森增謂字元本缺　一本空一格

趙氏之弟也　一本作趙風補音同左傳宣二年疏同元本同

聖敬日躋

注言湯之尊賢下下甚疾　第二下字作士元本同

惡不殖也　左傳疏引惡作懼

三材傳之一本作待元本同

則請止狐偃一本則字上有然字元本同

非義也一本作禮字元同本

同姓為兄弟

注其姓不同 元本姓作德

可以取其女 亦作妻其妻元本同

方雷氏〻作纍

注纍祖一作纝 雷纍殺同

二帝用師以相濟也

注濟當為擠〻滅也方言云擠滅也郭璞注引此文是擠有滅義不必為擠

思黷敬也　左傳僖二十三年疏引敬作故昭元年疏元本同

怨亂毓災　毓作育昭元年疏同

是故取妻避其同姓　無妻字昭元年疏作女無其字昭元年疏同避作辟昭元年疏避

唯秦所命從也

注　奚齊卓子死　元本上有初字

乃歸女而納幣且逆之　左傳疏引無之字又孔晁云歸懷嬴更以貴妻禮迎之也

得貞屯悔豫皆八也　元本八作入

車班外內順以訓之

注　車雷也班，　雷一本作震元本同

董因迎公於河公問焉曰吾其濟乎　幽通賦注作晉侯問簡子曰吾其濟

乎云云

秦伯使公子縶如晉師 補音無公子二字

初獻公使寺人勃鞮伐公於蒲城 思玄賦注韋昭曰寺人掌內人

佐相以終而成全名 補音無而字

官宰食加

注加大夫之家田也論語注原憲為家邑宰 一本家作加九

經禮記古義音同無也字注作曰元本同

臣亦釋宗之圜 補音亦作以

楚師陳 師一本作既元本補音同

且楚師老矣

注老久也　久一作罷補音同

文公誅觀狀以代鄭反其𤤲及反　左傳傳二十九年疏作

公問元帥於趙衰對曰郤縠可行年五十矣　左傳僖二十七年疏

引此有文字元本同無行字

夫先王之法志　左傳疏引夫下有好字志下有者字

能惇篤者不忘百姓也　無者也二字

威施

注僂人爾雅釋訓音義威施賈逵注國語曰僂也

刑于寡妻

注寡妻寡德之妻　德一作有元本同

八虞

注唐賈云曰一作 八虞周八士皆在虞官伯達伯适仲突仲忽叔夜叔夏季隨季騧賈唐云爾雅疏作韋氏解徵卷一七頁後十五思齋疏作賈逵唐固

而咨于二號咨一本作諮爾雅注同思齋疏無此五字爾雅釋詁疏引此韋氏解二號文王弟虢仲虢叔○辛尹。注辛〻甲尹〻佚皆周大史左傳襄四年疏賈逵云同思齋疏亦作賈逵唐固

億寧百神億思齋疏作意

感施直鎛蘧蒢璆侏儒扶盧周禮攷工攷木之節疏引此直作植蘧蒢并从艸盧作廬王制瘖聾疏同〻說文朱儒扶籚洛乎切从竹盧殺積竹矛戟矜也

注盧矛戟之柲緣之以為戟戲王制疏緣作持

矇瞍脩聲 脩王制疏引作循

注無目於音聲審故使脩之瞽 王制疏引注云歌詠琴

聾聵司火

注使主火 主一本作司王制疏作然

僮昏 王制疏作童

以實裔土 以實王制疏作宜于

子犯曰可矣

注即可用也 元本即作可

冀缺

注郤芮之子也 芮一作成元本同

冀芮之子也　爾雅釋詁疏此無也字

當以告　爾雅釋詁疏當作故

使爲下軍大夫

注傳曰襄公以父命賞胥臣　按僖三十一年傳當作再命　元本同

故云冀缺　云一作曰　元本同

今陽子之情譓矣　譓一作譓　注同

注譓辨察也　察補音作瞭　云一作察

錞于　左傳宣四年疏引作淳

吾知三焉　三孟子誼辭疏引作一二

而童子何知　一本無何知二字　魏書王昶傳注同

亡無日矣擊之以杖折委笄魏書矣作也折下有其字

余病喙方言喙傲倦也郭璞注音劇引此文作喙方言喙極也

獻之以得殞命之禮左傳成二年疏引此禮下有也字文服虔引司馬注其有殞命以行禮如會所用儀也若殞命則左結旗司馬授飲右持苞壺左承飲以進

補音作避之

立而辟之

見韓獻子〻〻曰尚書伊訓疏無下獻子二字

成人在始與善文選張華勵志詩注成人在始與善敬之哉尚書伊訓疏無與善二字

善進善伊訓疏無下善字

不善進不善伊訓疏無下不善二字

辛巳朝于武宮左傳成十八年疏引此服虔本作辛未孔晁云以辛未盟入國辛巳朝祖廟取

二月乙酉公即位 二左傳成十八年疏引作正 孔晁
使呂宣子佐下軍 云二月即位言上月者記者誤也 佐一本作將左傳疏作佐
呂錡佐知莊子于上軍 知一本作智左傳疏作知
注上當為下字之誤也 左傳疏作下
獲楚公子穀臣與連尹襄老以免子羽 左傳疏子羽作其子
其子孫不可不崇也 無孫字
彘恭子 恭作共
武子之季 元本毛本脫之字
至於今是用 至於今是賴 無兩至于字

夫二子之德 無夫字

魏頡以其身卻退秦師于輔氏 無郤字師字

注及潞 潞元本作洛 按內傳作洛

至于今不育其子不可不興也 育作忘 興元本與

使為司空 一本司字上有元字 左傳成十八年疏無

知欒糾之能御和於政也 政作正

知荀賓之有力而不暴也 力下元本有功字

欒伯請公族大夫 左傳宣二年疏引此無大夫二字 成十八年孔晁注國語云公族大夫掌

公族及卿大夫子弟之官

荀檜 乙本作會 成十八年疏同

無忌鎮靖 一本靖作靜成十八年疏靖鎮作愼 下同

夫膏粱之性難正也 無夫字

使文敏者道之使果敢者諗之使鎮靖者脩之 無三使字

知張老之知 一本作智左傳疏知

知鐸遏寇之恭敬 恭左傳疏作共

知籍偃之惇率舊職而共給也 共給一本作恭儉左傳疏藉作籍率作帥作共給

知程鄭端而不淫 鄭下有為字·

公以趙文子為文也而能恤大事使佐新軍 左傳疏無為文也而四字 新元本作下

臣請薦所能擇而君比義焉 比義下補音有使代二字

無忌備公族不能死左傳成十八年疏引此不作弗又孔晁云脩公族大夫

今無忌知不能匡君君知一本作智元本同

難雖不能死君而能讓不可不賞也爾雅釋詁疏無君字也字

公賜魏絳女樂一八賜魏都賦注作錫八作分

子教寡人和戎翟而正諸華正作政

請與子共樂之無請字樂字

歌鐘襄十一年疏引此孔晁注同歌鐘〻以節歌也

於今八年七合諸侯

注七合諸侯一謂魯襄五年會於戚二謂七年會于

鄬三謂八年會于邢邱四謂九年同盟于戲五謂十

年會于相六謂十二年會于亳城北七謂會于蕭魚

左傳襄十一年疏引孔晁注云不數救陳與戍鄭虎
牢餘爲七也

乃召叔向使傅大子彪　乃補音作公

箕遺及黃淵嘉父作亂

注宣子殺箕遺黃淵嘉父及司空靜羊舌虎等十人　一本靜作
靖羊舌虎等十人作邴豫董叔邴師申書羊舌虎叔
羆左傳襄二十一年疏引此注賈逵云十子皆欒
盈之黨知范氏將害欒氏故先爲之作難討范氏不
克而死

君掄賢人之後有常位于國者而立之　之補音其

叔魚生其母視之

注猶相察也　補音無猶字

鳶肩而牛腹

注鳶肩、井升出　升一本作斗元本同

谿壑可盈

注谿壑溝也　溝本作池元本同

在周為唐杜氏　左傳襄二十四年疏引此賈逵注云武王封堯後為唐杜二國

內事之朝　朝元本郭

若能靖端諸侯使服聽命於晉　聽補音朝

昔隰叔子違周難于晉國　左傳文十三年疏引此注賈逵曰隰叔杜伯之子周宣王殺杜伯其子逃而奔晉子輿士蔿也字也作武子蔿之孫即士會也襄二十四年疏同無國字

又為成師　左傳襄二十七年宜其光輔五君疏引此成師作元師元本同

師曠

注晋主大師子野 主一本作之 元本同

置茅蕝設望表 說文蕝茅蕝表坐子說切

若魯有罪而受盟者逃魯必不免 一本無下魯字左傳昭元年疏引此無而字有魯字

若爲諸侯戮者 無者字

天子之室斲其椽而礱之加密石焉諸侯礱之大夫斲之士首之 公羊莊二十三年傳秋丹桓宮楹注禮天子斲之而礱之加密石焉諸侯斲而礱之不加密石大夫斲之士首本疏皆外傳晋語張老謂趙文子椽之制閟宮疏引之室作廟飾椽作桷材

趙文子與叔向遊于九京曰死者若可作也 京一作原張子房

詩注向作譽遊作觀　任昉行狀注京作原無也字

若諸侯服不過三年不服不服不過十年過是晉之殃

也　左傳昭元年疏引此孔晁曰人雖有命荒淫者又損壽無外患則并心於内故三年死諸侯不服鬬思外患損其内情故十年無道之君久在民上會國之殃也

大國之卿一旅之田　左傳昭元年疏引此一上有禄字

夫二公子者上大夫也　左傳疏無有字

雖其功庸少也　補音少也作不稱

無不徧論也　一本無也字

注論謂㮚祇　祇一作祀元本同

化為黄能　能一作熊左傳昭七年疏同

公見子產 左傳疏作晉侯疾問

士景伯如楚叔魚爲贊理 左傳昭十四年疏引此孔晁云景伯晉理也叔魚佐之景伯聘楚叔魚專斷

邢侯與雝子爭田 左傳昭十四年疏引此孔晁云邢與鄐比爭疆界

逆施邢侯氏

注施々劾捕也 左傳昭十四年釋文孔晁注國語云施廢也口氏反疏孔晁云廢其族也

范獻子聘于魯問具山敖山魯人以其鄉對獻子曰不爲具敖乎對曰先君獻武之諱也 左傳桓六年疏引作具敖之山禮記名子者疏同無於子其鄉作鄉名曰作云不爲作何不云之下有所字

欲爲繫援焉 西征賦注援引也

宵也根　三國蜀志劉封傳裴注引宵作霄根作佷

宵之根在面　之作也

其不逮者一　一本有也靜三國志同

美鬚長大則賢　鬚作鬚

伎蓺畢給則賢　技蓺作技藝

巧文辯惠則賢　作慧

以其五睦陵人　其五作五去

而以不仁行之　以不宗庠補音作不以

知宗必滅弗聽　裴注知作智弗作不

知果别族于大史爲輔氏　史下有氏字

及知氏之亡唯輔果在 一本亡下有也字裴注無在下有爲字無也字

知伯國 綱目無伯字

丞治 一本作亟治 綱目作丞治

蛸蛾蠭蠆 蛾一作蟻 綱目正編蟻前編蛾

罷民力以完之 一作民罷 綱目同

又斃以存之 斃下一本有死字 綱目同

鄭語

不可偪也　四月維夏疏引偪也作以入

東有齊魯曹宋滕薛鄒莒

注薛妘姓　一本作任元本補音同

莒己姓東夷之國也　夷本作方

𩣡叔恃勢　詩檜譜疏引勢作制

是皆有驕侈怠慢之心而加之以貪冒　詩鄭譜無是字而字

寄帑與賄焉　帑作帑無焉字

周亂而弊　鄭譜無此句

君若以成周之衆　無若字

奉辭伐罪　伐作罰

鄔蔽補丹依疇歷華君之土也若前華後河右洛左濟

主芣騩而食溱洧　一本鄔作鄔丹作舟疇作黖華作華　華綱目作華詩鄭譜疏作鄔丹華疇

作疇　水經注引作左洛右濟二十二卷又作丕騩丕騩山

在密縣　華詩鄭緇衣第七釋文作華引史伯云十邑之

地右洛左濟前華後河　沈廷芳云華誤華　王伯厚

詩地理考云華之國也　郡縣志故華國在汴州陳留縣

東北三十五里古華國　鄭譜疏引韋注亦作華

脩典刑以守之唯是可以少固　脩鄭緇衣疏作循一本　無唯字鄭譜同

叔熊逃難於濮而蠻　周禮夏官職方八蠻疏引此有熊　字逃作避無而字左氏傳二十

六年夔子不祀祝融傳楚人讓之節疏按鄭語孔晁注

云熊繹玄孫曰熊摯有疾楚人廢之立其弟熊延熊摯

自棄於夔子孫有功王命為夔子

以淳燿惇大天明地德光昭四海昭一本作照左傳昭二十八年疏淳作焞惇作敦照作明

虞幕能聽協風以成樂物生者也陸機宣猷堂詩注物生作生物陳氏樹華曰依韋注當作成物樂生綱目作成物樂生

大彭豕韋為商伯矣左傳成二年疏引此無矣字襄廿四年疏賈逵云大彭豕韋為商伯其後世失道殷德復興而滅之

已姓昆吾蘇顧溫董〻姓鬷夷豢龍則夏滅之矣毛詩檜譜疏引此上董字作莒下董字作董

妘姓鄔鄶路偪陽左傳襄十年疏引此鄔作鄢檜譜疏同鄶作檜

芈姓夔越夔一本作蘷左傳宣八年疏引作歸周禮夏官職方氏八蠻七閩注云謂閩蠻之別也

國語曰閩芊蠻矣疏按按鄭語蠻芊蠻矣注云謂上言
叔熊避難於濮蠻即隨其俗如蠻人也故曰蠻彼蓋後
人轉寫者誤鄭玄以閩爲正叔熊居濮如蠻後乎從分
爲七種故謂之七閩也　按經閩雖與蠻七八別數其
本是一但屬南方也

若周衰其必興矣　補音若作於
實與諸姬代相干也　四月維夏疏無代字
有童謠　白華疏無有字
檿弧箕服　周禮司弓矢疏檿作壓服作箙左傳昭二十年疏亦作箙白華疏作服
於是宣王聞之有夫婦鬻是器者　左傳昭二十六年疏之下有乃字白華疏無者字
其又可爲乎　一本可上有何者字白華疏元本可作何

化爲二龍以同于王庭而言曰余褒之二君也爾雅釋黿也疏
引同作伺元本同左傳昭二十六年疏元本作同無王
字也字左傳疏並有白華疏伺
傳郊之及殷周莫之發也左傳疏無傳郊之三字白華疏同及下有歷字白華疏無及字
虫字
未既亂
注未盡亂白華疏盡作既
爲弧服者方戮在路左傳疏在字上有遂字
褒人褒姁有獄而以爲入于王、遂置之而嬖是女也
使至於爲后左傳疏無褒姁二字白華疏同無而爲字也字白華疏無王遂置之四字也字詩鄭
王譜疏有下爲字

必求之申

注太子將奔申 詩王譜疏將作時

居若欲避其難速覲所矣 一本速上有其字速補音作

姜嬴之儁也 詩秦風序疏引作雋

齊莊僖於是乎小伯

注小伯小主諸侯盟會 詩齊風甫田疏引無下小字

注言三集者中軍先入而上下及新軍乃三集以攻之之一本作也左傳疏作之

則雖子之爲也左傳以爲苗賁皇之爲疏劉炫有説

緬然引領而望而望一本作南望

注緬猶邈也寡婦賦注貫遠回緬思貌也

亡人得生又何不來爲左傳襄二十六年疏生作復下句作何爲不來

夫子不居矣春秋相事以還軫於諸侯若資東陽之盜使殺之其可乎不然不來矣左傳疏無夫子不居矣春秋相事以還軫于諸侯若十六字無使字及不然不來矣五字

而僅得以來

注僅猶劣也　數遊賦注胃達曰僅猶言終能也

若於目觀則美　西京賦注君周于目觀

胡美之爲　爲宋本作焉

匱者騷離　胡竹岩先生曰叛誤改及　栻按及反之訛

若斂民利以成其私欲　私元本孔

榭不過講軍實　左傳成十七年疏引此實下有者字榭　詩疏同

城守之末　周禮夏官掌固掌脩城郭溝池樹渠之固注　樹謂枳棘之屬有刺者也鄭司農說樹以國語

曰城守之手　手于是手用之元本亦作木

且夫制城邑若體性焉　左傳昭十二年尾大不掉疏引此制　上有公字性作牲

至於手拇毛脈　手拇作拇指脈補音脈

故變而不勤　勤元本同注疏本或作動蓋誤　注變動　也勤勞也

臣亦懼之左傳疏無之字

是三城也豈不使諸侯之心惕惕焉左傳昭十三年疏也作者無心惕二字

昔衛武公年數九十有五矣柳詩疏引無數字

自卿以下至于師長士苟在朝者無謂我老耄而舍我

無士字老字

於是乎作懿戒以自儆也詩大雅譜疏引無戒字駁韋注大雅抑柳詩同無也字

注懿讀曰抑一本有之字柳詩疏無以韋注為是

毛詩敘曰抑衛武公刺厲王亦以自儆也柳詩疏無也字儆作

警

右執殤宮

注今世云能使殤也　也一本作矣　漢制攷作也

吾愸寘之于耳　詩齊風著疏引此無愸字

其又以規爲瑱也　規作繩

而欲薦芰以干之

注以妾爲妻猶以(逵)當祭也　元本當祭作爲薦無也字

周書所謂重黎寔使天地不通者

注民神雜楺　揉補音作糅

而又能齊肅衷正　周禮春官凡以神仕者注引此衷作中

如是則民神降之　民神補音作神明周禮注神明

在男曰覡在女曰巫　東京賦注在男謂之覡在女謂之巫也

是使神制之處位次主　是字下周禮注有心字

采服之儀　儀周禮春官序官維王建國節注引作宜

屏攝之位

注周氏云屏者并也　一本屏并也　攝主人之位昭謂

屏〻風也攝形如今要扇皆所以分別尊（一作明）卑爲祭祀

之位近漢亦然　胡竹岩先生云扇本作屏漢制攷作扇分別作分別按漢制攷云並

傳巡辟屏攝注祭祀之謂位正義鄭衆云攝束茅以

爲屏蔽

上下之神　神下一本有氏字周禮序官春官維王節注

氏姓之出　有祇字　一本有所字周禮疏同補音同

及少皞之衰也　左傳昭二十九年疏少皞下有氏字堯典疏同德也字皞作昊呂刑疏同

九黎亂德

注九黎黎氏九人也一本無也字呂刑疏引韋昭云九黎氏九人蚩尤之徒也

民神雜糅左傳昭二十九年疏民作人糅作擾

乃命南正重司天以屬神南元本作木岳本同

命火正黎司地以屬民堯典疏無命字

注火當爲北〻陰位也周禮司徒掌土地人民也

一本人民二字互倒也上有者字火當爲北毛詩

檜譜疏引作韋注月令孟春疏同黎作犂

其後三苗復九黎之德呂刑疏引德作惡韋昭云三苗炎帝之後諸侯共工也

當宣王時常武疏引無時字

注程國也伯爵也一本無二也字常武疏同

子期祀平王

注平王共王子 元本共作靈當從

一純

注心純一而潔 一本潔下有也字 七發注純專也

王曰芻豢幾何 七發注芻豢幾何芻或作犓未詳說文犓豢幾何測愚切

遠不過三月近不過浹月 曲禮天子以犧牛節疏引楚語觀射父云大者牛羊必在滌三月小者犬羊不過十日周禮地官充人凡散祭祀之牲節疏引国楚語王問於觀父曰芻豢牲則不必三月其諸侯祭祀養牲幾何對曰遠不過三月近不過浹月孔注云遠牛羊豕近犬雞之屬 曲禮天子以犧牛疏楚語觀射父云天者牛羊必在滌三月小者犬豕不過十日

天奘子編祀羣神品物 左傳昭十三年疏無品物

諸侯祀天地三辰及其土之山川

注三辰日月星也祀天地謂二王後也非二王後祭分野星山川而已一本無二也字二王後並有之字左傳昭十三年疏引此孔晁云、、三並同原注爾雅釋山疏引此諸侯下有二王後三字左傳疏無土下有地字左傳疏無又注國語者皆云諸侯二王後以上左傳僖三十年疏同祀天地三辰日月星也非二王後祀分野星辰山川也

日月會于龍豵豵東京賦作豵

土氣含收土氣補音作九氣含注作九氣含收萬物成類也

天子禘郊之事必自射其牲周禮夏官射人祭祀則贊射牲注引此天子在禘郊之事下太僕祭祀贊王牲事引此同鄭注自射其作親自射司弓矢凡祭祀共射牲之弓矢注同

刲羊刲射人疏作劉

天子親舂禘郊之盛生民疏無郊字

五物之官陪屬萬為萬官官有十醜為億醜

注醜類也以十醜取萬為十萬〻〻曰億古數也今

人乃一本無此二字漢制改有以萬〻為億唐九經詩古義賈逵固注国語皆以

為萬〻為億又鄭語注

天子之田九畡以食兆民說文天子居九畡之田从土亥聲古哀切兼垓八極地也

闕丹丹一本作且補音且子余切周禮天官酒正鬻氏有秋酒者疏引此亦作且元本同

吾見令尹〻〻問蓄聚積實補音少一令尹二字

國馬足以行軍趙注孟子兩馬之力句引此軍作闈

家貲足以供用補音供作共

糗一筐周禮[illegible]疏引筐作篚

至于今令尹秩之無令尹二字

聞一善若驚文選揚荊州誄注引此聞一善言若驚

王孫圉一作圍很䕫疏圍

龜珠齒角皮革羽毛

注明禹羽也所以為旌毛旄牛尾所以注竿首旌一本作

旍旌一本作旄

先王之玩也何寶焉一本寶字上有之字旅獒疏引先王之所玩何寶之為

玉足以庇蔭嘉穀尚書典寶疏引此蔭作廕

注玉祭祀之玉也尚書疏韋昭云玉禮神之玉也

珠足以禦火災則寶之

注珠水精故故以禦火災說文珠足以禦火災是也周禮天官玉府疏引此文無災字禦作禁服氏云

吳語

一介嫡女執箕帚以晐姓于王宮 晐文選作備說文箕簸帚糞也

及吾猶可以戰也 補音無也字

于其心也戚然 說文於其心侙然恥力切惕也

服士以司吾閒 閒一本作伺元本同

其臣箴諫以不入 爾雅釋言疏引此無以字左傳昭十三年疏同

王親獨行屏營傍偟於山林之中 傍一作彷左傳疏無親字傍偟作彷徨

饑於王以墣而去之 左傳疏墣作塊

王覺而無見也乃匍匐將入棘闈〻〻、不納 爾雅疏無也字左傳疏有乙本上棘闈上有於字左傳疏同爾雅納下有也字

注闉門也　左傳疏孔晁云闉門也　釋文作巷門

吳王還自伐齊乃訊申胥　說文作誶　雖遂切　讓也

而縣吾目于東門以見越之入吳國之亡也遂自死　此三字在將死之前　左傳疏有　哀十一年疏東作吳　越下有字　傳疏有

又孤不使大夫得有見也　補音見上有目字　左傳疏無

盛以鴟夷　一本作鵠　左傳疏作夷　左傳疏引賈逵注與此注同

闉為深溝于商魯之間北屬之沂西屬之濟　溝下一本有通字　元本同　吳都賦注闉下有也字　北屬之濟

越王句踐乃命范蠡舌庸　舌庸　補音作任　事疑誤　舌庸一作后　元本同

注二子越大夫　一本二子作舌庸　元本同

遣遲乃至

王孫雄　雄宋本作雒

夫危事不齒

注不以年齒對　一本齒作次，對下有也字，元本亦作次

將夾溝而㢋我　說文俠溝而㢋我足氏切廣也

攤（行官皆官師）鐸拱稽　引此師作師，攤作摊

周禮天官小宰八成二曰聽師田以簡稽注

建肥胡奉文犀之渠十行一嬖大夫建旌提鼓挾經秉枹十旌一將軍載常建鼓挾經秉枹為萬人以方陳　淮南子氾論訓晚世之兵隆衝以攻渠幨以守注渠漸也一曰渠甲名也國語曰奉文渠之甲是也　左傳襄十一年疏吳語王孫雄設注百人為行十行一旌十旌一將軍引司馬法云二十人之師執鈴百人之師執鐸千人

之師執鼓萬人之將執大鼓三者數人置師皆以什計之吳都賦注吳王夫差出軍與晉爭長乃戒夜中令服兵擐甲陳士卒官師擁鐸建旆姑

白旆 詩鄭風出其東門疏引此旆作旗

晉師大駭 文選王粲贈文叔良詩注晉字上有于是二字左傳哀十三年疏同

乃令董褐請事

注董褐晉大夫司馬演〻文選注作寅哀十二年疏賈逵等皆云董褐曰司馬寅也褐作揭疑誤

今大國越錄 左思詠注越踰也

周室既約貢獻莫作上帝鬼神而不可以告 王粲贈文叔良詩注既上有既字以下有之字

乃告諸趙鞅 一本無諸字左傳哀十二年疏引

臣觀吳王之色 文選注無臣字

不則國有大難 左傳疏不下有然字無大字

今君掩王東海以淫名聞於天子 左傳哀十二年疏引作奄

君有短垣而自踰之 文選注有短垣君不踰

長弟許諾 文選注長弟下無許諾二字

晉偪匹之 周禮天官玉府疏引此無偪字

簦笠 補音簦

伯父命女來 補音亦作令 命一作令

我不可以忘也 一本無也字綱目同

囷鹿空虛

注圓曰囷方曰鹿　埤雅引此云〻鹿善聚亦善散故囷或謂之鹿也

幸遂可出　幸一本作奔綱目亦作幸

敵訪諸大夫問戰以而可　從軍行注訪作問下無問字

圖王宮〻一本作臺左傳哀廿二年疏作宮

孤敵不聽天之命而聽君王之命乎　命一作令左傳疏作命

寡人其達王於甬句東

注甬句東今句章東海口外洲也　困學紀聞引此云今句章東海口外洲當作浹口蓋傳寫之訛

使人說於子胥曰使死者無知則已矣若其有知吾何

面目以見肙也　左傳哀二十二年疏引此説作告若其有知作若有知也吾字下有其字

越語

越王勾踐棲于會稽之上 周禮攷工疏無于字

以待之也 之也二字周禮作之

苟得聞子大夫之言 魏都賦注苟下無得字賈逵曰親而近之故曰子大大賢良詔注同

西至于姑蔑

注姑蔑今大湖是也 困學紀聞引此云今大湖當作大末

廣運百里

注東西為廣南北為運 栻按運蓋遠字去聲敷轉耳方言卷六遠廣遠也節注引韋注云〻蓋廣亦可言遠

公令醫守之 一本無令字綱目同

生丈夫二壺酒一犬生女子二壺酒一豚 周禮地官大司徒疏引此
上二字作三下二字作一
納宦其子 宦一作官 綱目作宦 下與范蠡入宦于吳同
䬴飯不及壺飧 飯一作飲 橫切小貌 說文作䬴飯不及一食 古
用人無蓺 蓺一本作藝 綱目作蓺 淮南說林訓觀射者遺其執 高誘注執事
盈吾節陰而奪之 一本之下有利字 綱目疏無
設右以為杙 設綱目作殼
辭俞卑禮俞尊 俞一本作愈 綱目同
今吾稻蟹不遺種 吾一本作吳 元本同 禮記月令孟秋疏同 不作無
又安知是識〻者乎 賈逵注巧言也 見文十二年公羊釋文

惠棟九經古義所引國語

周語鄶由叔妘

十一年傳云古者鄭國處於留先鄭伯有善于鄶公者通乎夫人以取其國而遷鄭焉而野留案鄶公者鄶仲也夫人者叔妘也周語富辰曰鄶之亡也由叔妘注云鄶妘姓之國叔妘同姓之女爲鄶夫人鄭語史伯云子男之國虢鄶爲大虢叔恃勢鄶仲恃險君若以周難之故寄帑與賄無不克矣寄帑與賄故得通於夫人而取其國康成發墨守云鄭始封君曰桓公者周宣王之母弟國在宗周畿內今京兆鄭縣是也桓公生武公武公生

莊公遷居東周畿內國在虢鄶之間今河南新鄭是也武公生莊公因其國爲留乃在陳宋之東左傳侵宋呂留後漢彭地有留縣張良所封鄭受封至此適三世安得古者鄭國處於留祭仲將往省留之事乎愚案桓公寄帑與賄于虢鄶及十邑幽王之亂東京不守當有處留之事其後滅虢鄶十邑而居新鄭則以留爲邊鄙當在武公之時故云古者鄭國又云先鄭伯公羋之言正與外傳合鄭氏不攷而驟非之過矣

周語厚味寔腊毒

天官腊人注云腊之言夕也說文昔乾肉也从殘肉日

以晞之與徂同意籀文作𦠆从肉㫺夕古字通穀梁傳
云日入至于星出謂之㫺管子云旦㫺從事王逸楚辭
章句引詩云樂酒今夕是皆以㫺爲夕㫺之爲物經夕
乃乾故言夕或作久久猶㫺也外傳云厚味實腊毒韋
昭曰腊讀若廣㫺酒漢之酋久白酒亦云㫺酒張參五
經文字云說文作㫺石經作昔
周語類也者不忝前哲之謂也
既醉云永錫爾類傳云類善也王逸曰類法也案荀卿
子禮論曰禮有三本天地者生之本也先祖者類之本
也注云類種襄廿三年傳云子展廢良而立太叔曰請

舍子明之類良子明子是類爲子呂覽勳篇云齊王謂
觸子必剋若類又云若殘豎子之類皆謂類爲子周語
叔向曰類也者不忝前哲之謂也常昭云言能以孝道
施於族類故不辱前哲之人後漢書劉平傳云平抱弟
仲女云仲不可以絶類郅惲傳鄭敬云今幸得全軀樹
類注云樹類謂有子嗣故鄭箋改傳以爲族類是也

齊語十軌爲里故五十人爲小戎里有司帥之
小戎箋云此羣臣之兵車故曰小戎案齊語及管子云
十軌爲里故五十人爲小戎里有司帥之常昭曰此有

司之所褭故曰小戎古者戎車一乘步卒七十二人今
齊五十人棟謂常氏所據乃司馬灋云六月詩所謂元
戎也七十二人爲大戎五十人爲小戎其周之制與

晉語暇豫之吾〻不如鳥烏
檀弓曰何居我未之前聞也注云居讀爲姬姓之姬齊
魯之閒語助也列子黄帝篇云関尹謂列子曰姬魚語
女張湛曰姬音居魚當作吾棟案左傳誰居之居亦音
基孝及論語皆云居吾語女古人讀居爲姬讀吾爲魚
外傳晉語云暇豫之吾吾不如鳥烏韋昭曰吾讀爲魚

列子因之遂以居爲姫吾爲魚皆聲之誤也易繫辭云則居可知矣鄭云居讀爲姫

晋語佞之見佞果喪其田

卌年經天王殺其弟年夫釋文云年音佞又如字二傳作佞夫楝案古佞謂爲壬故晋語與人誦云佞之見佞果喪其田佞與田協是讀爲年殊不知年讀爲寧田讀爲陳故詩信南山云畀我尸賓壽考萬年然公羊不作壬而作年何也詩甫田云倬彼甫田歲取十千我取其陳食我農人自古有年是陳讀爲田年謂讀如家字

晋語官宰食加

問大夫之富曰有宰食力力當爲加壞字也晋語曰庶人食力官宰食加加加加田也周禮司勳加田無國征劉敞以爲無國征者不征于國

晋語天子之室斲其椽而礱之加密石焉

卄有四年傳禮天子之桷斲之礱之加密石焉諸諸侯之桷斲之礱之大夫斲之士首本晋語張老云天子之室斲其椽而礱之加密石焉注云密密理也石謂砥也先祖礱之加以密砥諸侯礱之注云無密石也大夫斲之注云不礱也士首注云斲其首也尚書大傳曰天子之堂其

材天子斲其材而礱之加密石焉大夫達稜士首本庶
人癈到加鄭氏注云礱礪之也密石砥之也稜菱也何
休公羊注云禮天子斲而礱之加密石焉諸侯斲而礱
之不加密石大夫斲之士首本
晉語趙文子與叔向遊于九京
趙文子與叔譽觀乎九原注云叔譽叔向也 知叔譽是
叔向者晉語云趙文子與叔向游于九京故知叔譽是
叔向周書大子晉云晉平公使叔譽于周見大子晉而
與之言五稱而五窮孔晁云叔譽者大夫叔向也春秋
時大夫有兩字者如子産一字子美是也

晉語臣敢煩當日

文王世子問内豎之御者注云御如今小史直日矣外傳史黯謂趙簡子曰臣敢煩當日韋昭曰當日直日也戰國策云郢之登徒直使高誘曰直當日直使也

鄭語計億事

胡取禾三百億兮傳云萬萬曰億箋云十萬曰億賈逵唐固注國語皆以萬萬為億棟案徐岳數術記遺曰黄帝為法數有十等及其用也乃有三焉十等者億兆京垓秭壤溝澗正載三等者謂上中下也其下數者十十變之若言十萬曰億十億曰兆十兆曰京也中數者萬萬

變之若言萬々曰億萬億曰兆萬兆曰京也上數者數
窮在變若言萬々曰億億々曰兆兆々曰京也[illegible]變曰
毛注曰萬々曰億此即中數也鄭注云十萬曰億此即
下數也鄭注以數爲多故合而言之上數宏廓也不可
用韋昭楚語注云十萬曰億古數也今人乃以萬々爲億是中數之說始于秦漢也按徐援受地記云億々曰兆兆々曰京也此即上數也
楚語余在執鬼中
文子其中退一作退然如不勝衣注云中身也鄉射記曰
亏二寸以爲侯中楚語左執鬼中韋昭曰中身也禮曰
其中退然

楚語宮有十醜爲億醜見前

吳語一介

納女于天子曰備百姓注云姓之言生也天子皇后以
下百二十人廣子姓也吳語曰越行成于吳曰一介嫡
女執箕箒以晐姓于王宮韋昭曰晐備也姓庶姓也時
越以王禮尊吳故云晐姓說文曰姓人所生也古之神聖
母感天而生子故稱乎天子从女从生生亦聲春秋傳
云天子因生以賜姓又召昭四年傳云問其姓封對
曰余子長矣漢書田蚡傳桂跪起如子姓注姓生
也

越語與范蠡入宦于吳

三歲貫女魯詩貫作宦外傳國語云入宦于吳韋昭曰宦為臣隸也嘯堂集古錄有臣數印其字作臣數貫當讀為宦徐邈音官此宦字之誤傳云貫事也蓋本作疋而與宦義亦通要壽以為宦即貫字恐未然也越語又安知是譏者乎

惟截截善諞言說文引云戔戔巧言又言部引云㦰㦰善諞言公羊云諓諓善竫言賈逵國語注云諓諓巧言也王逸引書云諓諓靖言漢書李尋傳云昔秦穆公說諓諓之言任仡仡之勇案此則古文作截截今文作戔

戔也

白虎通義校稿

（清）吴騫 輯

解題

《白虎通義校稿》一卷一册，中國國家圖書館藏（索書號：8207）。原書略有殘闕，書名、撰者皆不存，《自莊嚴堪善本書目》《自莊嚴堪善本書影》《北京圖書館古籍善本書目》《中國古籍善本書目》等均著録爲清吴騫稿本，書名亦爲擬題。〔一〕鈐有『拜經樓』白方、『莫友芝圖書印』朱長方、『莫繩孫印』白方、『曾在周叔弢處』朱長方等印，知此書曾經吴騫、莫氏父子、周叔弢遞藏。之所以定爲吴騫稿本，當是據筆跡推知。吴騫（1733—1814），字槎客，一字葵里，號愚谷，又號兔牀，浙江海寧人。貢生。篤嗜典籍，廣蒐善本，築拜經樓藏之。每得一書，必精加校勘。著有《詩譜補亡後訂》《孫氏爾雅正義拾遺》《國山碑考》《小桐溪吴氏家乘》《陽羨名陶録》《桃溪客語》《小桐溪隨筆》《尖陽叢筆》《拜經樓詩集》《愚谷文存》《拜經樓詩話》《論印絶句》《蠡塘漁乃》等書。

但是，本書卷端題名不存，抄寫者並不一定就是撰者。書中多數校記未署名，其中一條内有『廣業按』三字。其次則多署『朱型家曰』（『朱曰』），部分條内有『型按』二字。又有署『吴騫曰』『盧文弨曰』者，僅一二條而已。盧文弨校刻的抱經堂本《白虎通》在清代被推爲善本，盧本的基礎是莊述祖校本，又參考了不少當時學者的校勘意見。書前列有《白虎通譣校所據新舊本并校人姓名》，其中與本文有關的是：

陽湖莊述祖葆琛校（考及目録、闕文皆所定）

海寧周廣業勤補校

海寧吴騫槎客校（刻將成，又示一小字舊本兩卷，止於

〔一〕冀淑英編《自莊嚴堪善本書目》，天津古籍出版社，1985年，頁50。周一良主編《自莊嚴堪善本書影》，國家圖書館出版社，2010年，頁626。《北京圖書館古籍善本書目·子部》，書目文獻出版社，1989年，頁1436。《中國古籍善本書目·子部》上册，上海古籍出版社，1996年，頁509。

《嫁娶》，疑宋時本也）

海寧朱型家允達校

餘姚盧文弨紹弓據莊校本覆校并集衆家説

雖然列有不少校人姓名，但盧本書中實際引及之處並不太多。其中引周廣業説凡六處，皆合於《白虎通義校稿》中的未署名校記，可見這部分校記出於周廣業之手，而非吴騫。

盧文弨《校刻白虎通序》述及校刻此書之經過，先是將莊述祖所校傳録於己本之上，後又曾『在杭州楷寫一本，留於友人所』。而吴騫、周廣業、朱型家皆海寧人，清代海寧屬杭州府。[一]上海圖書館藏一部清抄本《白虎通》（索書號：線善827298-301），半葉十行二十字，曾經吴騫、傅增湘、瞿師岐等人收藏。[二]此書當即盧氏楷寫留於杭州之本，或是從杭州本轉抄。首《白虎通目録》，題『南蘭陵莊述祖定』。次《白虎通考證》，主要内容同於盧本書前的莊述祖《白虎通義考》，知亦莊氏之作。次正文，分爲四卷，莊校以雙行小字附於句下。而《白虎通義校稿》亦分四卷，各條校記後皆注『某頁某行』，經檢核，均可與上圖藏本正文位置對應。可見各條校記所據底本即盧文弨楷寫的莊述祖校本或其轉抄本。

周廣業（1730—1798），字勤圃，號耕厓。乾隆四十八年（1783）舉人。[三]朱型家，字允達，又字周逵，號懶巖，

[一]［清］趙爾巽等《清史稿》卷六五《地理志十二》，中華書局，1977年，頁2129。

[二]傅增湘《藏園群書經眼録》，中華書局，2009年，頁558。影印本收入《子海珍本編·大陸卷第二輯·上海圖書館輯（上）》，鳳凰出版社，2017年。按：書衣有墨書『浦左瞿師岐珍藏』，瞿氏其人不詳。又此書尚有『查繼佐印』朱方、『伊璜氏』白方二印，然查繼佐（160—1676）爲明末清初人，不得見莊述祖（1750—1816）校訂之書，當屬僞印。

[三]［民國］《海寧州志稿》卷一四典籍十三，民國十一年（1922）鉛印本，頁6a。

篇次	《白虎通義校稿》	盧本《白虎通》
序	（原書前闕）引班固《功德論》曰：『朱軒之使，鳳舉于龍堆之表。』是論不見全文，豈范氏所指即此而脱『功』字歟？其言不類説經，或亦《四子講德論》之流，而史誤爲連及歟？且古人講解經義竝謂之『通』，觀《魏志》齊王正始五年講《尚書經通》，七年講《禮記通》，《宋書·禮志》晋武帝泰始七年皇太子講《孝經通》，咸寧三年講《詩通》，則知之矣。[一]是書列《隋經籍志》，亦曰《白虎通》，惟《儒林傳》嘗言著爲《通義》。故孔穎達《左傳·隱五年》正義有云漢群儒作《白虎觀通義》，『雖□《通義》，義不通也』。宋儒《孝經》《爾雅》等疏亦有引作《白虎通義》者，而《白虎通德論》之名自《崇文》後元明刊本承以標題，此之不可不深考也。（七頁一行後）	周廣業曰：《班固傳》所稱《白虎通德論》與《白虎通》異名，而章懷無注，宋《崇文總目》始用爲標題。徧考晋宋迄唐諸史志傳及釋經、集類之書，援引不下數百條，皆曰《白虎通》，即《南齊·禮志》載魏繆襲所引『三王祭天，一用夏正』云云亦然。使實以『通德』爲名，魏晋諸儒去漢未遠，不應妄加割截。劉宋而後則范史具在，豈盡不寓目者乎？竊疑『通德』二字本不連讀，乃是《白虎通》之外別有《德論》，非一書也。李善《文選注》引班固《功德論》曰：『朱軒之使，鳳舉於龍堆之表。』是論不見全文，豈范氏所指即此而脱『功』字歟？其言不類説經，或亦《四子講德》之流，而史誤爲連及歟？且古人講解經義竝謂之『通』，是書列《隋經籍志》亦曰《白虎通》，惟《儒林傳》嘗言著爲《通義》，故孔穎達《左傳·隱五年》正義有云漢群儒作《白虎觀通義》，『雖名通義，義不通也』。宋儒《孝經》《爾雅》等疏亦有引作《白虎通義》者，而《白虎通德論》之名自《崇文》後元明刊本率以標題，殆失之不考。

[一]『觀魏志』至『知之矣』數句，盧本未引。

禮樂

……即檢上文，竝無東方曰任（眉批：任疑作昧）、西方曰株離之語，頗疑注有脱漏。考鄭氏注《周禮・鞮鞻氏》云：『東方曰韎，南方曰任，西方曰株離，北方曰禁。』賈公彦正義謂此樂名出《孝經鉤命決》，彼云『西夷之樂曰侏離』，『又按《虞傳》云陽伯之樂舞侏離，則東夷之樂亦名侏離。……鄭注云侏離舞樂名，象萬物生侏離，若《詩》云彼黍離離，是物生亦曰離』。以此參觀，則穎達所謂與《白虎通》相反者，正指鄭、《鉤命決》之説，而朝離則侏離□解，二文之本互通也。又班孟堅《東都賦》『禁侏兜離』，《文選注》先引《鉤命決》『東曰昧，南曰任，西曰侏離，北曰僸』，次引毛萇《詩傳》作東韎、南任、西侏離、北禁，而總解之云：『説樂是一，而字竝不同，蓋古音有輕重也。』據此則『朝』及『株』『朱』字可竝存矣。南之爲兜，《選注》音丁侯切，與韎、昧、佅、僸等字亦可備考證。（廿二頁四行）

周云：上文竝無東曰昧、西曰株離之語，疑正義上文有脱漏。考鄭氏注《周禮・鞮鞻氏》云：『東方曰韎，南方曰任，西方曰株離，北方曰禁。』賈公彦疏謂此樂名出《孝經鉤命決》，彼云『西夷之樂曰侏離』，『又案《虞傳》云陽伯之樂舞株離，則東方之樂亦名株離。……鄭注云株離舞曲名，象萬物生株離，若《詩》云彼黍離離，是物生亦曰離』。以此參觀，則孔氏所謂與《白虎通》相反者，正指鄭所據《鉤命決》之説，而朝離即株離乃解，二文之本互通也。案朝離與株離、朱離、兜離，南與任，味與昧、韎、佅，禁與僸，聲俱相近，李善注班孟堅《東都賦》『僸佅兜離』云：『説樂是一，而字竝不同，蓋古音有輕重也。』

考黜	《續漢志》注引《古今注》曰：「漢武帝天漢四年，令諸侯王大國朱輪，特虎居前，左兕右麋。小國朱輪畫，特熊居前，寢麋居左右。」據此則「能」當作「熊」，「米庶」二字乃「麋」字誤分爲二，而又訛其筆畫也。（八頁七行）	「特熊」舊訛「特能」，「寢麋」舊訛「寢米庶」，今從周改。劉昭注《續漢·輿服志》引《古今注》曰：「武帝天漢四年，令諸侯王大國朱輪，特虎居前，左兕右麋。小國朱輪畫，特熊居前，寢麋居左右。」
情性	「謂」字當去之，而依《困學紀聞》改爲「禮運記曰」四字。（《紀聞》引此而自注云「今《禮運》無此語」。○廿九頁十九行）	周、朱二君欲去此處「謂」字，易以「禮運記曰」四字。
五經	《初學記》引云「五經，《易》《尚書》《詩》《禮》《樂》也」，無「春秋」字，有「樂」字。其注云：「古以《易》《書》《詩》《禮》《樂》《春秋》爲六經，至秦焚書，《樂經》亡，今以《易》《詩》《書》《禮》《春秋》爲五經。」據此則《白虎通》之「五經」不當有「春秋」二字。《禮·經解》云云，疑後人竄。《北堂書抄》引，〔與〕《初學記》同，參前一條尤可見。（七頁十一行）	周云：《初學記》引云「五經，《易》《尚書》《詩》《禮》《樂》也」，無「春秋」字，有「樂」字。其注云：「古以《易》《書》《詩》《禮》《樂》《春秋》爲六經，至秦焚書，《樂經》亡，今以《易》《詩》《書》《禮》《春秋》爲五經。」據此則《白虎通》之「五經」不當有「春秋」字。《禮·經解》云云，疑後人竄入。《北堂書鈔》所引，與《初學記》同，參前一條尤可見。

嫁娶	《坊記》『婦猶有不至者』，當即此『淫佚』之意。（十頁三行）	周云：《坊記》『婦猶有不至者』，即此『防淫泆』之意。

又號巢飲。歲貢生。[一]周廣業、朱型家皆與吴騫關係密切，周、吴二家爲姻親，[二]朱氏則曾館於吴家，爲吴騫子壽暘之師。[三]吴騫與盧文弨亦過從甚密，《吴兔牀日記》中常有過訪抱經堂之記録。[四]吴氏抄録周、朱二人校記，或是爲了提供給盧文弨參考。[五]盧氏在諸家校記的基礎上又加覆校，抱經堂本《白虎通》可以説是諸人合作的成果。當然，從《校稿》看，盧文弨對諸家校記是有取捨的，所以此書對我們今日校勘《白虎通》仍有一定的參考價值。

張學謙

〔一〕〔民國〕《海寧州志稿》卷一四典籍十四，頁13b。

〔二〕吴騫兄女適周廣業子勳常，參虞坤林《海寧藏書家之傳承及其姻親關係初探》，《天一閣文叢》第3輯。

〔三〕〔清〕吴壽暘《拜經樓藏書題跋記》，上海古籍出版社，2007年，頁196。

〔四〕〔清〕吴騫著，張昊蘇、楊洪升整理《吴兔牀日記》，鳳凰出版社，2015年。

〔五〕吴騫此後又出示盧文弨元刊二卷本《白虎通》，盧氏稱爲『小字舊本』，校記入《補遺》。

金樓子校一本

採53386號
白虎通義校稿
一冊
八二〇七

金樓子校本
知不足齋刊本
引班固功德論曰朱軒之使鳳舉于龍堆之表是論不見
全文豈范氏所指即此而脫功字歟其言不類說經或亦
四子講德論之流而史誤為連及歟且古人講解經義
詁謂之通觀魏志齊王正始五年講尚書經通七年
講禮記通宋書禮志晉武帝泰始七年皇太子講孝
經通咸寧三年講詩通是知之矣是書引隋經籍志亦
曰白虎通惟儒林傳嘗言著為通義故孔穎達左傳
隱五年正義有云漢群儒作白虎通義觀雖　通義
蓋不通也宋儒孝經爾雅等疏亦有引作白虎通義
者而白虎通德論之名自崇文後元明刊本承以標題

此之不可不深考也 [illegible]頁[illegible]行注

卷一

太社惟松 按古本作尚書無逸篇初學記文獻通考亦然

藝文類聚則作尚書無逸篇改禮稽司徒家之有之

陸氏釋文曰亦作字無也一音無意古音亦無二字通用

也或說周書無逸誠謂但以尚書為救勳勛書亦未知

所據似當連上讀曰天子臣放勛舊說放勛堯名路史注

引靈臺碑云堯以侯伯恢踐帝位許慎重謂以堯伯

受命董仲舒曰堯發于諸侯則放勛未踐位時自當稱侯

一頁十行

元刻白虎通無

無字

邢昺孝經正義春秋傳曰

邢昺孝經正義引云公者通意也春秋傳曰王者之後稱公下此衍其餘五子男也十三字按孔王邢正義引援神契云王者之後稱公大國稱侯皆千乘象雷震百里文無俗本略同疑是後人補入故邢引無之侯者候也候逆順也伯者長也為一國之長也子者字也常行字愛無已也男者任也常任王事也王制曰公侯田方百里伯七十里子男五十里至於周公增地益廣加賜諸侯之地公五百里侯四百里伯三百里子二百里男一百里公為上等侯伯為中等子男為下等

廣業按邢疏所引至于周公以下今無可證據或可附存

餘似僅可補正文一頁十八行

卿之爲言下當依孝經正義補章也二字 三頁十一行

朱型家曰大扶下疑脫也字攷明刻本正作大扶進人者也無下扶字 三頁一行

盧文弨曰禮辨名記作辨然不然

任事之稱也 下孝經正義引云故禮辨名記士者任事之稱也傳曰通古今辯然不然謂之士 三頁四行○

朱曰強而士士疑作仕 舊本作仕 三頁五行

朱曰明罪者多也四書攷所引無罪上有尊字 三頁十二行

朱曰大夫職在在作任 三頁十三行

天子爵連言天子者 賈解接禮記王制正義引白虎通者

言王是天子爵號既是此章脫文或當作天子爵達言天王 三頁十九行

諸侯爵不違言王侯何王是天子爵號即言王侯云云

穀民穀字禮記正義作保孝子之心心作正義亦作思 五頁八行

朱曰諸侯之子稱世子世字舊本作代按代子之名甚有理

可疑本句下 五頁十六行

傳曰上初學記引有春秋二字 五頁十八行

高本上犢脫曰字 十一頁三行

朱曰特牲上犢脫郊字 十二頁十三行

朱曰死而謚今也句亦見郊特牲　十五頁八行
是亦也是字疑衍或當在也字上　十五頁十八行　朱曰是亦
疑作亦是
礼記三正　當作禮三正記　續漢志注如此　十六頁十七行
太社五句　初學記引作尚書無逸篇　通考同　十八頁二行
續漢志注引作春秋文義　天子社廣五丈　二句上冒以黃土
句　初學記俱引作尚書無逸篇文　十八頁七行
朱曰按樂記族長〔鄉里〕上有在字　所以崇和順比物飾節　樂記
作審一以定和比物以飾節　立樂之意也　意作方　執干戚
二句執下習下俱有其字　容貌得齊焉　齊作莊

任誤作昧

人情之所不能免焉也無焉字　鈇鉞下有者字　所以上有
先王之三字　十九頁
大章下脫者字　二十頁二十行
皆其所自作無疑作興　廿二頁二行
禮記明堂位昧東夷之樂也任南蠻之樂也鄭注禮引周
禮昧師掌教昧樂詩以雅以南為證之正義則引白虎
通樂元語以下全文兩解之曰此東曰昧西曰株離無白虎
通正相反者以春秋二方俱有昧株離之異故白虎通與此
各舉其一白虎通曰朝離者株離也乃據上文經無東方曰
佅西方曰株離之語頗疑注有脫漏攷鄭氏注周禮鞮鞻氏

云東方曰韎南方曰任西方曰株離北方曰禁賈公彥正義
謂此樂名出孝經鉤命訣彼云西夷之樂曰侏離又按虞傳
云陽伯之樂舞侏離則東方之樂亦名侏離鄭注云侏離
舞之樂名象萬物生侏離以爲詩云彼黍離離是物生之曰
離以此參觀則穎達所謂與白虎通相反者正指鄭鉤
命訣之說而朝離則侏離不解二文之本互通也又班
孟堅東都賦禁佅兜離文選注先引鉤命訣東曰韎南曰
任西曰侏離北曰僸次引毛萇詩傳作東韎南任西侏離
北禁而振解之云說樂異而字詮不同蓋古音有輕重也
據此則朝及株朱字詮可通存矣南之爲兜文選注音丁侯

切與韎昧佅㑀等字亦疑可備攷證　廿二頁四行

此言以文特有關文藝文類聚引五經通義曰王者之

樂有先後者尚其德也以文得之之　廿二頁六行

朱云在東門之外按明堂位無在字又禹貢納夷之

樂於太廟明堂位作納夷蠻之樂于太廟此加禹字誤訛

文按逸周書明堂解東門上亦無在字　廿三頁三行

北堂書抄引云樂所以為歌者何夫歌者口之言之也中心

喜之口欲歌之三句於補在歌者上　廿三頁十九行

朱云範之下特有為字　廿五頁十五行

卷二

朱云將生者出者將歸者特有脫誤或作將生者出

將歸者入 二頁一行

據後則此當脫句首二字 三頁七行

此段劉昭補注續漢志全引之 十四頁十三行

若無玉作玉曰未寒執之之將閉無玉而終言之 十四頁十四行

朱曰爰之上疑有論語曰三字 十四頁十八行

覲下君待之以禮舍何或當云如是君待之以禮臣待放 十五頁十二行

初學記引作陷諫不同 孔子曰上疑有字 十七頁四行

朱曰祀于明堂 于禮記作乎 淳三元享 禮記作食

廿頁十八行　十九行

藝文類聚所引與選注正同　二十頁二十行

朱云於君問就之參案云君問則就之　廿一頁二十行

路史禹學於西王悝注云西王悝也新序作西王國白虎通篇曰國先生諱也　廿二頁十二行

藝文類聚引作太天子之太子諸侯之世子皆就師於外者尊師重先王之道也故曲禮曰禮聞來學不聞往教也　廿二頁十三行

朱曰聞有來學無往教者也曲禮作禮聞來學不聞往教天子太子王制作王太子王子又嫡子下有

國之後送句[illegible]

按下有雍之爲言壅也　删此雍壅也二字可汰　卅二頁四行

壅之以水　文選注引此云以詩言之雍明雍之以水藝文類

聚續漢志注作壅爲壅也二字　同上

禮明堂位正義載鄭氏駁異義所引大戴禮盛德篇云明堂十二室字誤本書云此堂十二室按此九室上當作九堂

朱曰十二室舊本作坐型按考工匠人云周人明堂五

室凡室二筵又云室中度以几實不應號謂室中坐時[illegible]

几故度以几竊意十二室中既有天子十二坐位即遵舊

本作坐亦可且與上文九室無礙　又按大戴禮云九

室十二堂則室字物作堂　卅四頁十三行

象八風象字本作法似宜從舊　朱曰旧刻本亦作象

同上

卷三

藝文類聚作報告成之篆也　一頁四行

萬物之所之字當依礼記正義改始　一頁五行

丹封者下似當依初學記加示字　一頁六行

朱曰　基上舊本有山字　一頁七行

朱曰附梁甫之基　大哉記注作厚　一頁十行

朱曰厚者加厚　大哉注作廣者增厚　一頁十一行

据礼記正義封者之字衍　一頁十二行

文選有黑丹

祥于宗廟之山澤之兵
家之意祥于有德者
而言家已言之者刪
度害綽道德著
明象甫者象信也
甫輔也信輔天地之
道　一頁十二行

美酒也酒字似當作泉　朱曰舊本作泉　三頁九行
礼記正義牧亦作收　以字亦作守土　三頁十七行
其功大著功字水經注作德　六頁十八行
以當作於相為本末　七頁八行
續漢志注引古今注曰漢武帝天漢四年令諸侯王大國
朱輪特虎居前左兕右麋小國朱輪畫特熊居前寢麋
居左右據此則能當作熊朱麋二字乃麋字誤分為二而
又脫其半畫也　八頁七行
賜爵為伯賜本或作增　九頁十七行
朱云宜舊本作疑按尚書功疑惟重則宜似當作疑十一

頁壹行

朱曰當公穀作商公尚與上古通用或誤加田耳　十一頁五行

朱曰禮雜記中不見此數語惟大戴記天圓篇云龍非風不舉龜非火不兆此皆陰陽之際也　十五頁五行

朱曰按周禮凡卜人作凡卜筮賈疏云君體巳下皆授卜而言並云筮者凡卜皆先筮故連言之據此則人字當改作筮又下三句周礼作君占體大夫占色史占墨此之渺異　視高視周礼作眡　攷龜圍冬時冬周禮作春　十五頁十行

朱曰四書攷引李楠萬人曰傑倍傑曰聖　廿五頁十六行

首篇上當脱尚書二字　朱曰旁書作方　十六頁十一行

朱曰伏羲黄帝兩段於有脱誤下文但四字爲句用韵而此有難句讀處　十六頁十四行

朱曰禮曰二字疑衍

朱曰即如是三字於上下文意不相屬此處疑有闕文　十八頁九行

玩遠行可知也則用方乃猶及有方之義　同上

朱曰疑漢儒以下句用字連上句讀亦未可知即以遠服貫用爲下句接云方言遠行可知也亦通。下文於方言欽

上脱孝養厥父母句　十八頁十一行

朱曰周禮以玉作六瑞疏引禮雜記贊大行云博三寸

厚半寸剡上左右各半寸擄此則剡上廿半寸字上疑脫
左右各三字 又珪為璋上疑脫半字 十九頁一行
盡文鉏曰身亦二字疑衍朱曰身即邸也亦疑當作方周礼
注琮八方象地○觀後外直為陰句則亦似又當作直 十九
頁二行
發朱曰發聚衆聚字疑衍觀下故以起土功發衆句可知
二十頁五行
聚衆何以字疑衍 同上
朱曰聖疑當作宗 按周禮春官以黃琮禮地注云琮之言
宗八方所宗故外八方象地之形中虛圓以應無窮象地

之德故以參天地經則當云琮琮之爲言宗也且與下句象萬物
之宗（衆）相應又宗聚聖二字誤衍　按此校誤因聚衆聖
三字筆畫相近而訛　同上
禮臣篇誤作以道事君也　卅一頁六行
朱曰疑前爲舊目文質二字當冠此目三正之上合而爲一
曰文質三正　廿一頁七行
論語疏亦作張　廿七頁七行
史記扁鵲傳動胃繵緣注謂脉纏繞胃也則繵與纏同
義　廿七頁廿行
謂字當去之而依困學紀聞改爲禮運記曰四字　紀聞引此而自注云

今禮運無此語○

廿九頁十九行

朱曰觀後府者爲藏官府也下有故禮運記曰六情所以扶

成五性二句則此謂字當改禮記曰無疑 同上

朱曰土爲張星土當作上 三十一頁二行

朱曰喜怒哀樂四書考引白虎通云夫喜怒哀樂之發與

與清煖寒暑其實一類也喜之氣爲煖而當春怒之氣爲

清而當秋樂之氣爲太陽而當夏哀之氣爲太陰而當冬

四氣者天與人所同有也作人所當當也故可節而不可

止也明王正喜以當春正怒以當秋正樂以當夏正哀以當

冬上下法此以取天下之道春氣愛秋氣嚴夏氣樂

而四書皆及引此段釋
中庸者甚衆多
向不知何以恰有此
一段陳氏之書至多
遺佚殊可信

冬氣哀，愛氣以生物，嚴氣以成功，樂氣以養生，哀
氣以喪終，天之志也 三十一頁二十行 ○埋按此段氣頗與
本書不類，且六情遺卻愛怒二字，不諳不
能無疑，陳氏當必有
本，姑附錄以俟攷正
陳第毛詩古音攷引作魂者云也，猶云云行不休也 三十二
頁五行
朱曰：魂者芸也四句見孝經緯。魄者迫也，迫舊本作白 三
十二頁八行
朱曰：孝經援神契作命者三科，有受命以保慶，有遭命
以謫暴，有隨命以督行。何義門評文選引王厚齋云
說注孫子荊征西寮所用三命如此，謂與白虎通壽命爲略

同型 按壽作受度作慶遇作適應作背此四字畧似可

引注于下 三十二頁四行

朱曰此段可編入前聖人為未 三十三頁四行

故當作攷 三十五頁十五行

帝乙詳礼記檀弓卒哭而諱下注疏 三十六頁十九行

値似當作質 三十八頁十八行

朱曰不積於弟宜從舊本作積於弟觀下文管弟以下六人俱稱弟故曰積於弟以為伯季惟伯邑考南季載兩人故曰不積於伯季 三十九頁三行

卷四

陳士元古今韻注引作天之爲言鎮也身也 一頁四行
朱曰大戴記天圓篇注引云天鎮也其道曰員地諦也其
道曰方與此又異 一頁五行
敬牲致之純 兩牲衍 二頁七行
大夫蒼玉 孫隋作大夫綟蒼 四頁十九行
紳帶下有者字 朱云約紐下當加也字 五頁一行
後漢書注循作脩 環此作璜 亦見初學記 五頁七行
北堂書鈔引云大辟法水之滅火 宮者法土之壅水 臏者法金
之刻木 劓者法木之穿土 按此四句似可補法五行下 又引云三王始有獄
夏曰夏臺 殷曰牖里 周曰囹圄 又五行五帝之穀棄也
初學記路史注所引五帝畫象云云 相禮記刑人不在

君側句下正義所引想佚入闕文　五頁十四行

（朱曰）文選漢武賢良詔用画象二字余蕭客引白虎通云画
象者其衣服象五刑也犯墨者蒙巾犯劓者以赭著其衣
犯臏者以墨蒙其臏而画之犯宮者扉犯大辟者布衣無
領　型按此段可補入　同上

吳騫曰後作孝經緯作復　六頁十六行
初學記引云五經易尚書詩禮樂也無春秋字有樂字其注
云古以易書詩禮樂春秋為六經至秦焚書樂經亡今以
易詩書禮春秋為五經據此則白虎通之五經不當有春秋
二字禮經解云云類後人竄北堂書抄引初學記同參前一條
尤可見　七頁十一行

傳曰男〻字衍　朱曰明刻無　八頁六行

朱曰十四加一為十五似宜照舊本作十四加一為五觀上文

二十四加一為五不作二十五可見又十四上似當加二七兩

字　上文而繫心也照下致十五許嫁句當作故二十五繫心

也　九頁三行

路史引注作鹿皮儷皮也婚聘鹿皮為可衷服不忘古也

九頁十二行

坊記婦猶有不至者當即此篇佚〻文　十頁三行

按曲禮正義作記〇言字正義闕二字無〻字似當作〻十

六頁六行

朱曰四書攷引作夫者扶也以道扶接婦者服也以禮屈服　十六頁十七行

朱曰冠而名之名當改字

樊初學記作攀　十八頁六行

疏食一本作蔬　廿二頁四行

朱曰畏厭溺三者惟釋畏字之義而厭溺二字不釋疑有闕文按禮記注厭者立巖下墻而死也溺者舟行溺死也似可酌補　廿三頁五行

朱曰君既欲今禮記作既啟注啟啟殯也按禮記既啟及下未殯本分作兩層此并作一層似誤　廿三頁十五行

朱曰無能不告語人者也文選注引作無能不告諸侯者也　廿六頁五行

朱曰今檀弓無死于牖下沐浴于中霤二句　廿七頁七行

後漢書注大夫飯以玉唅以貝士飯以珠唅以貝也　廿八頁十行

朱曰軸車按文選注作輴車按此似本儀禮遷于祖用軸句　廿九頁十一行

朱曰按孝經喪親章正義引云棺之言完宜完密也椁之言廓謂開廓不使土侵也　廿九頁十四行

章也章字初學記作度礼記正義作度色　三十頁十行

槷　禮記正義作槷　廿一頁十行

古小學書鈎沈

（清）陳鱣 輯

解題

陳鱣（1753—1817），字仲魚，號河莊，又號簡莊。浙江海寧人。清代乾嘉時期樸學名宿，精研許、鄭之學，著述宏富而多散佚，以藏書家之名聞於後世。生平詳參陳鴻森《陳鱣年譜新編》。

國圖所藏稿本《古小學書鉤沈》一册，輯録已亡隋前小學書十一種，其名目及所輯佚文條數如次：《字書》一百七十二條、魏張揖《字詁》三十五條、樊恭《廣倉》十條、晋吕静《韻集》三十六條、晋王羲之《小學篇》四條、晋葛洪《字苑》二十四條、周成《難字》十一條、晋李彤《字指》六條、晋阮孝緒《字略》二十六條、晋楊承慶《字統》二條、梁何承天《纂文》三十四條。其中《字詁》《廣倉》《字書》《韻集》四書輯本，分别著録於《小學考》卷八、九、十五、二十九，且各有陳鱣叙録一則而爲《簡莊文鈔》未載者。

陳氏所輯佚文大體依書采録，未加條理。然皆標注出處，知其主要來源爲《一切經音義》和《文選》注，稍加核對，便可確認前者爲玄應之《音義》而非慧琳之《音義》（彼時該書尚未回流中土），後者爲李善注而非五臣注。其取自《顔氏家訓》《匡謬正俗》二書者各數則，取自《禮記正義》《史記集解》二書者各一條。諸如《玉篇》《廣韻》及諸類書均未見引，足見其蒐采範圍之狹。

有清一代，輯佚成風，學者埋首故紙，不辭辛勞，爲後人留下了一批豐碩的輯佚成果。集中輯録古佚小學書的專門成果，便有任大椿《小學鉤沈》、顧震福《小學鉤沈續編》、龍璋《小學蒐佚》等。而著名輯佚家黄奭和馬國翰亦分别在其集大成似的成果（即黄氏《漢學堂叢書》《黄氏逸書考》和馬氏《玉函山房輯佚書》）中，收有大量古佚小學書的輯本。相較於上舉諸家成果，陳氏之《古小學書鉤沈》無論是在所輯佚書种數上，還是在佚文條數上，都要遜色得多。因此，從作爲佚書輯本之一種的角度看，《古小學書鈎沈》的價值並不太大。

然而，值得關注的是，即便是任大椿的《小學鈎沈》，其最早版刻行世的時間也已至嘉慶二十二年（1817），恰好是陳鱣逝世的年份。也就是説，任氏以下諸家之小學書輯本，均爲陳氏所未見。於是，陳氏便一躍成爲可與任氏（1738—1789）比肩的、最早集中輯録小學書佚文而有成果存世的佼佼者。而作爲稿本的《古小學書鈎沈》自然比僅以刻本流傳的《小學鈎沈》更顯得稀奇珍貴。

今日所見《古小學書鈎沈》，書中並無題名，未知國圖書目所用名是原有據依，抑或後來擬定。但不管是哪種情況，以其所輯十一種、三百多條的成績來看，實在是有些名過其實。

不過，該册稿本並非陳氏輯佚小學書的全部成果，譬如國圖尚有陳氏所輯魏張揖《埤倉》二册及魏李登《聲類》、晋李虔《通俗文》各一册，亦爲稿本。此三書輯本與《鈎沈》所收十一種佚書性質相同，其不同者則在前三書均用雙邊白口九行格紙（版心下刻『裕德堂』），而《鈎沈》則用長條（横長豎短）無欄白紙。其所以分裝而不合訂者，或即因此。考陳氏《埤倉拾存自叙》云：『鱣少時嘗從所見群書中集爲一卷，弟隨各書采録，未及詳校。乾隆五十四年（1789）客京師，始補治之，用《説文》部分編次，使讀者易於尋求。』（《簡莊文鈔》卷二）國圖所藏二册，一爲『隨各書采録』者，一爲『用《説文》部分編次』者，正與陳氏所言一致。陳氏又云：『鱣于是編而外，更采集《聲類》《通俗文》等書。』由此可知，《埤倉》等三書輯本所以用格紙書寫者，蓋爲同時繕録之稿；而《鈎沈》所收十一種輯本仍爲『弟隨各書采録，未及詳校』之草創初稿。

陳氏又於上引文章中，自述所以輯録小學佚書之由云：『鱣著《説文解字正義》，思盡讀《倉》《雅》字書。每于古訓遺文，單詞片語，零行依附，獲則取之，以資左證。』則其廣輯小學佚書，並非專意作爲『輯本』，而不過是他學術活動中隨手摘録的『資料集』，或説是在其撰著《説文解字正義》

時生成的『副産品』。稿本《鈎沈》的存世，或可稍慰後人對《説文解字正義》失傳的惋惜之情。

在《簡莊文鈔》中，除了《埤倉拾存自叙》，尚有《聲類拾存自叙》一文，是《埤倉》《聲類》二書輯本均以『拾存』爲名。而《小學考》卷十五所載《今本字書》下，陳鱣叙録有『録此以附《小學拾存》之末』云云。則陳氏爲其所輯小學佚書擬定之總名當即『小學拾存』，而非『古小學書鈎沈』也。王欣夫輯《河莊文鈔補遺》，據《小學考》所載陳氏『叙録』，分别予名爲《字詁拾存自叙》《廣倉拾存自叙》《韻集拾存自叙》《字書拾存自叙》，可謂確當。

雖然《小學拾存》未能完整流傳，但其中之《埤倉》等三書輯本尚存修訂稿，其餘十一種輯本之初稿則被冠以《古小學書鈎沈》之名仍得存世，相較於陳氏多數亡佚的著述，實爲不幸中的萬幸。

稿本《鈎沈》末頁粘附一紙，上有跋文云：『字書十一種，吾邑陳仲魚徵君手筆輯録，别無傳本。光緒廿五年（1899）秋，得於卜氏後人。閲是書者，幸勿忽之。越二年歲次辛丑八月朔，寅盦居士徐光濟書于用拙齋鐙前。』按：徐光濟（1866—1935），字蓉初，民國藏書家。與陳鱣同爲浙江海寧硤石鎮人。曾輯仲魚遺文爲《河莊詩文抄》一册。前文所及國圖藏仲魚所輯《聲類》《通俗文》及依《説文》部分之《埤倉》三書，均有徐氏鈐印。可知諸書皆經徐氏藏弆者。未經部分之《埤倉》雖無藏印，想亦與諸書共同流播者也。

趙兵兵

字書

踰作逾，司庾俱反。一切經華嚴經音義一

喚大奐字同，呼換反。煥亦光明也。同上四

渟水滯也。同上五十六　佛本行讚經一

𠪚亦邨也。大方等大集經十一

旒作統，同吕周反。謂旌旗之垂者也。同上十六

鵂鶹，鉤鵅也。法炬陁羅尼經十七　陁羅尼雜集經三　廣百論七　亦名怪鳥也。陁羅尼雜集經三

㨼，扐㨼也。大涅槃經三

稽麃穮。同上五

廝，役也。謂賤役者也。同上九　方等般泥洹經下　有者字　立世阿毗曇論七　有者字　字經鈔

咄，叱也。大涅槃經九　阿毗達摩俱舍論七

施謂罥於道謂之罥。同上十九　按玉篇罥作罥　又根恩經七亦作罥　鹿母經　別譯阿含經十一　十誦律一　佛本行集經五十　大菩薩藏經一

黐，木膠也。同上廿六

罣網，礙也。同上卅二　四分律一　摩訶般若波羅蜜經一　蓮華經四

𣪊，作㲉，同口角反。吴會間音口木反。卵也，外堅也。同上廿三

鞞陛奚反 摩訶般若波羅蜜經一

堅謂堅牢 同上卅五

著相附著也 同上

璣小珠也 放光般若經一 大愛道比丘尼經下

縺馬縻也 勝天王經二

儭或作親字同且吝反又叉覲反儭至也近也 處胎經一

桊牛拘也今江南以北皆呼牛拘以北皆曰桊 大灌頂經七 婦人遇辜經

櫓作欄同以占反謂屋梠也 同上八

縺縷不解也 十住斷結經一

釁瞢失卧極也 同上六

哂或作哂或作弞同式忍反 同上六

斟斗水蟲也 觀佛三昧海經一

嫡正也 報恩經三 佛本行集經十五 大集十輪經二

啄鳥喙也 處胎經三 月光童子經 大智度論十八 善見律五 佛本行集經五十二 瑜伽師地論四

氳作榲同於云反盛貌也亦香也 力莊嚴經上

佻輕也 普目所問經下 文選爲袁紹檄豫州注
諤或作咢同五各反愕驚也 太子須大拏經
鞕牢也 普門品經
俎肉几也俎亦四脚小盤也 菩薩訶色欲經 大智度論六 六度集四
憎眉目間皃也 後出阿彌陀偈
𡨥空也 德光太子經 正法華經七 維摩經下 達摩多羅禪經上 阤羅尼雜集 六度集一
蹯足也 訶同足也 演道俗經 慧上菩薩問大善權經上 梵志阿颰經 五世阿毗曇論一 瑜伽師地論廿九 文選馬汧督誄注
擊牽也 蓮華嚴經二
逗留也 蓮華經四
内入也 正法華經三
饑餉也 正法華經八 五百弟子自說本起經
愓々達敎之皃也 㦎備經一
𤃫溪流皃也 方等般泥洹經上 文選七發注
仂謹也 餘皆爲力 京法經上 維摩詰所說經下
嚏噎也書亦作欬所倚反 謂以口徽吸之也 大𣎴嚴法門經上

揆揩也 摩逆經 大智度論一
躪踐也 同前七
橋捶也 同前十八
鏨作鑑同古儳反 同前廿三 佛本行集經七
孅作纖同思廉反 同前廿二
瞎一目合〻也 同前七十七 雜寶藏經六 四分律十一 陀羅尼雜集經三
傲倨見傷也謂輕傷也 同前七十二
趺失蹈也跌蹶也 大莊嚴經論二
偃倚也今言偃息偃臥皆是也 同前 佛本行集經卅
礭作確同口角反 同前六
盼美目也目白黑分也 發菩提心論
閃睒作貼同式冉反 正法念經卅九 出曜論一
邀作徼同古堯反求也遮也亦要也 同前
船上有屋者曰艫也 同前五十八
械木筏也 中阿含經十八 阿那律八念經

殞作隕同于愍反 長阿含經三

轟作輷同呼萌反 同上

堞女牆也 藏世經一

黳䵢黑羊也 同上起世經二

猾惡黠也 雜寶藏經八 瑜伽師地論大

唉慢譖也 生經五

跌失蹠也 陰持入經下 俱舍論十八 文選舞賦注足跌也

憨愚也 中本起經下 文選射雉賦注

懾失常也 義足經上 六度集の

評訂也 訂平議也 邪先比丘經下 阿毗曇毗婆沙論一 佛本行集經四十八 阿毗達磨順正理論廿五

訂音廣韻頂反 同上

蚱蜢淮南名去父也 即蟾蠩也 義足經下

䶐餉也 五百弟子自說本起經

蛆螢也 佛入涅槃經

窠巢也 一說巢窟也 罪業報應教化地獄經 六度集一

媽 母也今以女老者為媽也 過去現因果經

砰 大聲也 修行本起經下 六度集二 文選西征賦注

帕 額巾也 樓炭經二

麩 麥甘粥也 同前四

犍 作㹆同居言反 犍牸也 餓鬼報應經 四分律並作騫

犗 騬牛也以刀去陰也 同前

咄 吐之也 四分律二

一扇曰戶又在于堂室曰戶 同前九

兩扇曰門又在于宅區域曰門 同前

醍偎 酒也 同前四十

蘢 亦䍐字而容(朋)反 同前四十一

蒪 作樽 同前

釤 大鎌也 十誦律九

饍 盤也 同前十八

施罥于道曰羂 以繩取物曰罥也 僧祇律十九 瑜伽師地論並引上句

足及地曰蹉 出五分律廿九

𡱝窻也 善見律八

䁻作督同都木反 舍利弗問經

釃作罹同所宜所解二反 戒消災經

擬向也 僧祇戒本 出曜論十一

鑣馬銜也所以制牧車馬也 僧祇比丘尼戒本 大智度論

勒馬鑣銜也 同前

哈比與嗿字同徒覽反 毗尼母律三

咍蚩笑也楚人謂相調笑爲咍 大愛道比丘尼經上

璣小珠也 同前下

㧊敷也謂敷舒之也 解脫戒本

攪撓也亦亂也 僧祇戒本 阿毗曇毗婆沙論一

𣠶鼓材也 俱舍論一 阿毗達磨俱舍論二

鷺作鸕同來故反白鳥也頭翅背上皆有長翰毛也 出增論二 佛本行集經五 江東取爲睫攡曰白鷺縗 佛本行集經五

濕溪水流皃也 出曜論三

少汁煮曰熬 同前十七

火孰曰煮 又同前

瘑作痂同古和反 解脫道論七

鑒作鑑同吉鑱反 佛本行集經七

顱腦蓋也 佛本行集經十

剮著也剮鉤剮字打剮等皆作此 同前十一又十六

毹毹落毛也 同前廿六

艪作鷁同五歷反水鳥善高飛者也 又同廿六

褭様柔弱皃也亦艸木盛也 同前廿八

敕或策字 悚 同前廿五

齗又作齺同仕白反齗齧齒也 同前

嚞作喆今作哲同知列反 陀羅尼雜集經三

縮作摍同所六反 同前五

攝失聲也 六度集四

黲黑也 佛本行讚經四

、撕作撕狛二形 佛醫經

、冲盅 盅也 瑜伽師地論四十 阿毗達摩順正理論二十七 文下云中也 文選潘正叔贈陸機詩注云盅虛也

璩玉名也 耳璩也 同前の方

卬𤿺卬也 同前

、汙塗也 摩訶般若經五 阿毗達摩順正理論三十

、𥐊作礦 同孤猛反 涅槃經八 見賓三昧經一

眣目出也 大威德陀羅尼經一

、惏或作啉亦作婪 同力南反 惏亦貪也 法炬經十

「縺縷不解也 斷結經一

、迸散走也 金光明經五 文選寡婦賦注 散也 文選海賦注

、麼小也 大智度論五十三

、餑黍米 毗尼母經の

愕驚也 五各切 文選西都賦注

穢蕪也 同前 穢不潔清也 東都賦注

幹枝也謂麁枝也 華嚴經妙嚴品音義

瞰望也若暫切 文選東都賦注

崆山皃也 南都賦注

䪥小蒜也 同

藙茱萸也 同

倡亦唱字也 魏都賦注

沖虛也 魏都賦劉注

迸散走也 同

蘂垂也謂垂下也 同

焜煌火皃 甘泉賦注

鼘鼓聲 上林賦注

疏遠也 長楊賦注

咮鳥口也 射雉賦注

圞亦圓字也 西京賦李注

構上衣 南都賦注

妖巧也 上林賦注

糊　黏也　戶徒切　蕪城賦注

䰧　古文暴字　蒲到切　虣或爲䰧　同上　洞簫賦注

祕　密也　靈光殿賦注

瀲　泛也　水波上及也　江賦注

傚　倣也　同上

洊　仍也　舞鶴賦注

粥　賣也　粥與鬻同　音義同　閒居賦注

凜　寒也　閒居賦注

獑　緣獸走也　洞簫賦注

澄　湛也　曹子建公讌詩注

準　平也　殷仲文九井詩注

浹　合也　顏延年觀北湖田收注

嘲　亦啁也　任彥昇哭范僕射詩注

津　液也　沈休文新安詩注

標　亦屢字也　飲馬長城窟行注

蕢尒䕃字也陸機擬古詩

約尒的字也都狄切文選注

薵蕏艸也丈尤切同上

凝冰之信也文選注

蝨即旋工之旋也顔氏家訓書證篇

袜蓿也文選陸倕表注

澌冰索也踶移切同上鄭箋文注

巴蜀名山堆落曰坻徐翻注

字詁　　魏張揖

跱古文峙，今作跱，同直耳反。一切經華嚴經音義

麾今作撝，同呼皮反。手指曰麾。大威德陀羅尼經八、五分律一

視古文眎、眡二形，今作視，同時旨、時至二反。大涅槃經一

交、叏，今作樣，誤。樣，木之子也。同上十一

誼古文誼，今作義，同宜寄反。光讚般若經一

㾓今作尰，同之勇反。觀佛三昧海經五

鼓古文𪔳，今作鼓，同詳庶反。同上

唐古文（唐）、啺、喝二形，同徒當反。大智度論一

𤎖古文𨫌、𨦪二形，今作𧷤，同詳虘反。同上十八

抹古文試、抹二形，今作𢼅，同居又反。𢼅，助也。同上八十

𥢶古文𨮗、𥢶二形，今作欑，同麤亂反。𥢶，小矛也。正法念經一

尰今作𤸇，同時腫反。同前八

稽首古文䭫首，同苦禮反。四分律一

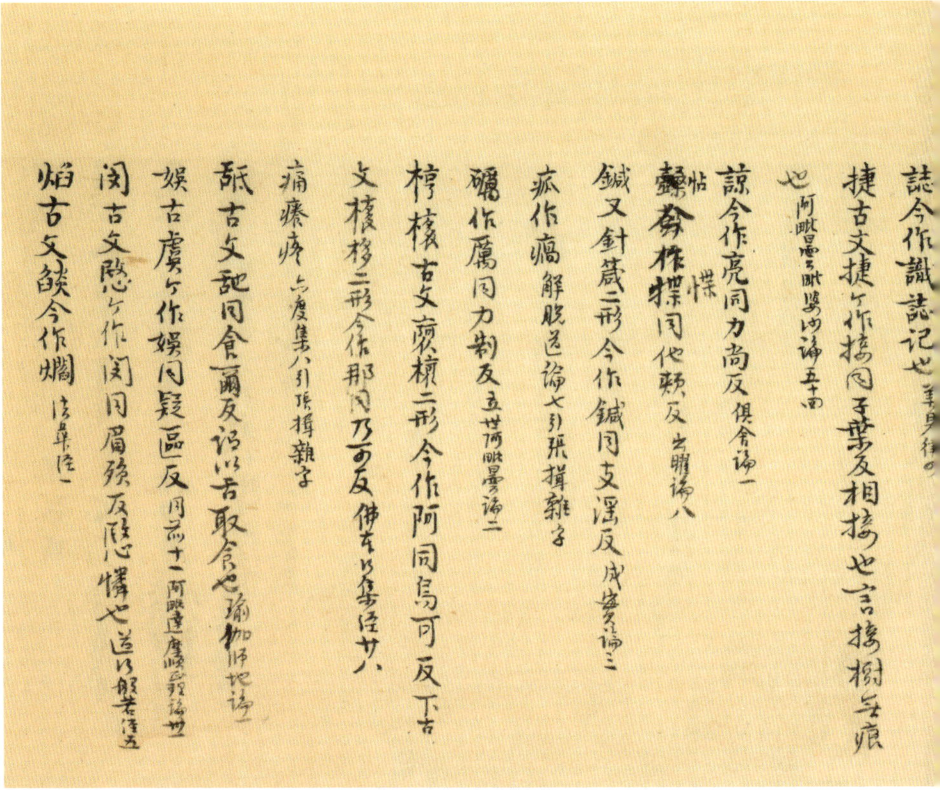

誌今作識 誌記也 菩薩見實經四

捷古文捷 今作接 同子葉反 相接也 言接樹無痕

也 阿毗曇毗婆沙論五十四

諒今作亮 同力尚反 俱舍論一

蠆帖 苶 作 慄 慄帖 同他頰反 出曜論八

鍼又針葴二形今作鍼 同支淫反 成實論三

瘢作癘 解脫道論七引張揖雜字

𡇤作厲 同力制反 立世阿毗曇論二

檽 樣古文𡇤檁二形 今作阿 同烏可反 下古

文樣 移二形 今作那 同乃可反 佛本行集經廿八

痛瘰瘆 六度集八引張揖雜字

舐古文䑛 同食爾反 謂以舌取食也 瑜伽師地論一

娛古虞今作娛 同疑區反 同前十一 阿毗達磨順正理論廿

閔古文愍今作閔 同眉殞反 愍 憐也 道行般若經五

㷔古文燄今作爓 法華經一

厪今勤字也　文選長楊賦注
螝亦古虺字　顔氏家訓勉學篇
虙今伏羲氏也　同上書證篇引張揖云
嵤今省詧也　同上
刅支傷作刀創之刀亦是剏字　同上
呟今宏字　文選難蜀父老注
閞古開字　匡謬正俗二
開古闢字　同上
頫府今俯俛也　同上六

睽目少精也 一切經陀羅尼經一

穜短矛也 同上勝天王經一

癖成爲瘭 觀佛三昧海經五 治禪病秘要經二云瘭癖成也

㾓瘡名也 同上

毾㲪毛有文章也 四分律三十六

嘒嗼聲也 僧祇律二十二

矠胡餅家用簇簇刺也 矠音叉白反 矛屬也 善見律十一

脂肪也 禪法要解上

性用心並誤也 方買反 文選魏都賦注

若蹈足貌 上林賦注

韻集　晋呂靜

𧬐作瞖同於計反目病也 一切经華嚴经音義五 成實論五

咀 咀嚏語不正也 同上月藏分经十

䔾麻甚生如樹者也 涅槃经五 陀羅尼雜集经六

㑃特也 同上十六

䤈音古孝反酒䤈也謂起麪酒也 同上廿八

𤜵西猥也 摩訶般若经廿七 蓮華经五 四分律十二 瑜伽師地論十二 對法論七

猥眾也 同上 又同 又同

筏作橃同扶月反 金剛经 四分律二 阿毗曇毗婆沙論廿八

㔍瞢失卧極也 十住斷結经六 別譯阿含经二十 阿毗曇毗婆沙論二十 佛本行集经四十四 阿毗達磨俱舍論廿

戇音丑巷反 同上九

匾㔟方殄反下他奚反 蓮華经六

𣪍音式之反 大智度論 四分律五十二

掩罥于道曰𥿐今田獵崇施𥿐以𥿐鳥獸其形

呂刀音也 大莊嚴經論二 成實論九 阿毗達磨俱舍論十五

劍入也江南今有劍寶器　同前三
菸乙餘反今関西言菸山東言蔫蔫音於言
反江南亦言殘矮又作萎於爲反菸邑無色
也　同前
匳文奩斂也收斂物也　同前十三
欻作喊喊訶也　正法念經五十七　三法度論　六度集二
趆越也　賢愚經六　遺教經有之字　佛本行集經五十八
小逗俗語之逗耎　解息耕者經引呂氏　又基毗經
有足曰錠　盂蘭盆經
無足曰鐙　同前
毼毷袈裟　音加沙　四分律一
偃倚偃也亦言偃息却偃並是也　同前十一
瘧瘧病也春發者謂之鷙瘧秋發者謂之
痎瘧　同前四十二　解脫道論七
篋所以斂物也　同前四十三

鐎溫器也三足有柄 五分律十四

礧音力輩反謂以石投物也今守城者下石擊賊

曰礧 出曜論五

揩揩摩也 解脫道論六

掐作剳口洽反 立世阿毗曇論八

晒暘米也今中國言晒江南言暘 同上

戇音丑巷反戇愚也 尊婆須蜜所集論出字林鄭同

吭音弋盎反 同為 佛本行集經卌六

齆鼻病也 俱舍論十二 瑜伽師地論九十五 攝大乘論四 阿毗達摩

玫瑰文齊珠也 文選西都賦注

一者數之始 禮記曲禮正義引蔡邕語云 數易錯疑即易靜之誤

鸗野鳥也音龍 史記楚世家集解

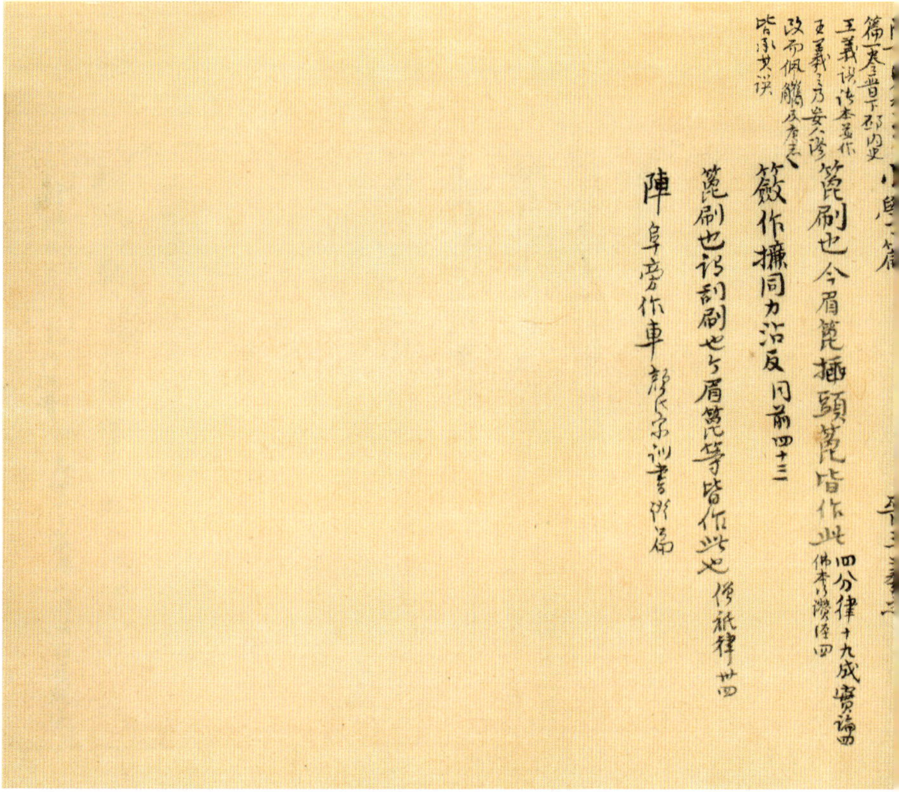
篇一卷晉下邳内史
王羲誤作本盖作
王羲之乃安人誤
改而佩觿及本志
皆承其誤
箆刷也今眉箆插頭箆皆作此 四分律十九成實論四 佛本行讃經四
簸作攡同力沾反 同前四十三
箆刷也說刮刷也亦眉箆等皆作此也 僧祇律卅四
陣 阜旁作車 顏氏字訓書所論

字苑　晉葛洪

厭眠内不祥也 一切經大方等大集經一　大智度論十七　四分律廿八　鼻柰耶律七内作中　瑜伽師地論五十九　順正理論廿一

粔粲膏糫果也 同上金色王經

景作影 拔陂經

䏕初眼反今之炙肉䏕是也 大智度論十八　薩婆多毗尼三

袂褾也衣袖也 大花嚴經論一

㟐作凹起也凸作凸起也 大乘莊嚴經論六　十誦律四十　立世阿毗曇論十　引凸陷也　大乘成業論

耎作腝柔脆也 正法念經八　佛本行集經十二

瞸作眨同莊狹反目數開閉也 同上四十五

䏕初眼反謂以鐵貫肉炙之也 修行道地經三　十誦律六作　今之炙肉䏕也　佛本行集經十六同　瑜伽師地論四作丳䏕也

梵潔也音扶泛反 音凡泛反梵　蓮華經一　四分律一

加沙作袈裟 同前

跣四典反 同前六

氈毹作氍毺同 毾𣰆雙朱反 同前廿一

同前廿二　十誦律一　佛本行集經十六

鞍鞮 去合、都奚二反 四分律卅九

橖 作棖 丈庚反 棖觸也 同前五十二

粃 作粄 同布滿反 餈類也 今米粹豆粹皆作此也 解脫道論二

韊 作薟 同盧苫反 隨相論 阿毗達磨俱舍論十七

眚 作瘠 同所景反 眚瘦也 病也 佛本行集經廿一

塔 佛堂也 音他合反 蓮華經一

影 音於景反 顏氏家訓書證篇云：凡景之景，至晉世葛洪字苑傍始加彡，音於景反。而世間輒改治尚書、周禮、莊、孟，從葛洪字，甚為失矣。

椿 作木旁者 南史劉杳傳

觳 音九偽反 顏氏家訓書證篇注

焉 同上 音辭篇云：焉皆音於愆反。自葛洪要用字苑分焉字音訓，若訓何訓安，當音於愆反；若送句及助詞，當音矣愆反。

難字　周成

鏇同因絹反作擐謂以繩轉軸裁木為器者也 一切經摩訶般若經第八 大智度論第三 四分律第五十

壓作窜窜𢭏也 同上 蓮華經 正法念經五 又達磨俱舍論二十

豨音蕩 正法華經二 普曜經一

䰗䰗息也同時為一䰗 大智度論三

犎音妃封反今有此牛形小脾上有封是 般若燈論五 雜阿含經卅六

斗擻㲉㲉也上音都穀反下音蘇穀反 正法念經三

斗擻㲉㲉也江南言斗擻北人言㲉㲉音都穀反下蘇穀反 四分律三十三 分別功德論三 引下二句

鞚馬鞚也 同前四十二

𢭏作窜窜𢭏也窜音烏狭反 四阿含暮鈔下 阿毗達磨俱舍論廿

湁潗水沸貌也 文選上林賦注

字指　晉李彤

磤砎，雷大聲也。一切經僧祇律三十五

鷓鴣，鳥，其鳴自呼，飛但南不北，形如雌雉。同前善見律二

翡翠，南方取之，因其生子漸下其巢，頂可取之，皆取其羽也。又同前七

儵爚，雷光也。文選西都賦注

礚，大聲也，口蓋切。甘泉賦注

鰡，魚屬。歸田賦注

字略　　習阮孝緒

罣作罫同胡卦反網礙也 一切經華嚴經音義一 攝大乘論一

港水分流也 同上明度經一除恐災火横經

惋嘆驚異也 大灌頂經十 四童子經上 出曜論二

瞼頗眼外皮也 月燈經九 成具光明定意經 四分律五十 作目外皮也 俱舍論二 佛本行集經十 阿毗達磨俱舍論三

騙躍上馬者也 度世經六

弗以鐵貫肉臠也 大智度論十八

訣訣絶之也 同前卅三 六度集二

掆相對舉物曰掆也 中阿含經十五

惋歎驚異 增一阿含經廿二 佛本行集經十

樗摴蒲棊名也 梵網六十二見經

醍醐 四分律卌 音義云醍經史所無未詳何出近世梁時處士阮孝緒作文字集略始有醍醐二字此書甚淺俗音體並無所據也

胡荽香菜也 十誦律十一引韵略疑作字略 又薩婆多毗尼毗婆沙三引同

犎牛名也 善見律七 立世阿毗曇論六

洋作爀鑠金也 大愛道比丘尼經 阿毗達磨俱舍論一

名相詔目也 佛本行集經十三

鈿金花也 瑜伽師地論四

邏亦循行非違也(謂) 同前十六引韻略 阿毗達磨俱舍論廿一

皴皮細起也 同前八十四

□□□□□殭物堅曰鞕 阿毗達磨順正理論廿一

斷首曰刎 刎割也 同前六十七

崿崖也 文選西京賦注 遊天台山賦注 晚出西射堂詩注 時興詩注 雜體詩注

霤霣狀 霤亦霤也 一天切 雪賦注

幌以帛明牕也 同上

汀水際也 文選顏延年和謝監詩注

裛衣坌香也 陶淵明雜詩注

幌以帛明窗也 雜體詩注 七命注

字統　晉楊承慶

撑作棖丈庚反棖觸也一切經大集月藏分經一

窳嬾人不能自起瓜瓠在地不能自立故字從瓜又嬾人恒在室中故從穴四分律四十九引承慶云

鵂鶹夜則拾人爪也 大法炬陀羅尼經十七 佛本行集經廿七

吳人以步屋名桑閣 大涅槃經七 成實論十四

搥鍋也 同上八

關西以書篇為書籥 同上四十 蓮華經四

匾匾薄也今俗呼廣薄為匾匾關中呼匾匾

補迷反 蓮華經六

㶉音後蒼反又音風幽反 宏道廣顯三昧經四

嬈嬈戲弄也嬈煩也亦惱也 維摩詰所說經上

諰諰急也 阿彌陀經下 大菩薩藏經六

猘狂犬也 雜阿含經三十

未判為㯰 別譯阿含經三

毦以毛為飾 賢愚經四

博六博用六箸六棊謂之六博 修行地道經五

擿撲擿跳錢戲也俗謂之射數或云射意也 同前

𢾺愉作孚瑜言口美色也 五百弟子自說本起經 衆集經十

、騙謂躍上馬也 柰女祇域經 佛本行集經十一 瑜伽師地論廿四

破析也 大迦葉本經

披猶分也亦披析也 同前

癮疹捶痕也 阿蘭若經下

、撲掩跳錢戲也俗人謂之射意一曰射數或云博戲

、掎取人財物也 四分律五十三 出曜論十七

趌趣去竪也亦跳起也 僧祇律六

筶大筐也筶音力名反 善見律九 婆藪槃豆傳

痕作眼同胡根反 解脫道論四

、必栗者羌胡樂器名也 佛本行集經二

㚖人以積土爲埰埰堅也堅才句反 同前十二

猘作猘同昌制居世二反狂犬也 佛般泥洹經

鮮支白鮮支絹也亦名縞也 大菩薩藏經三

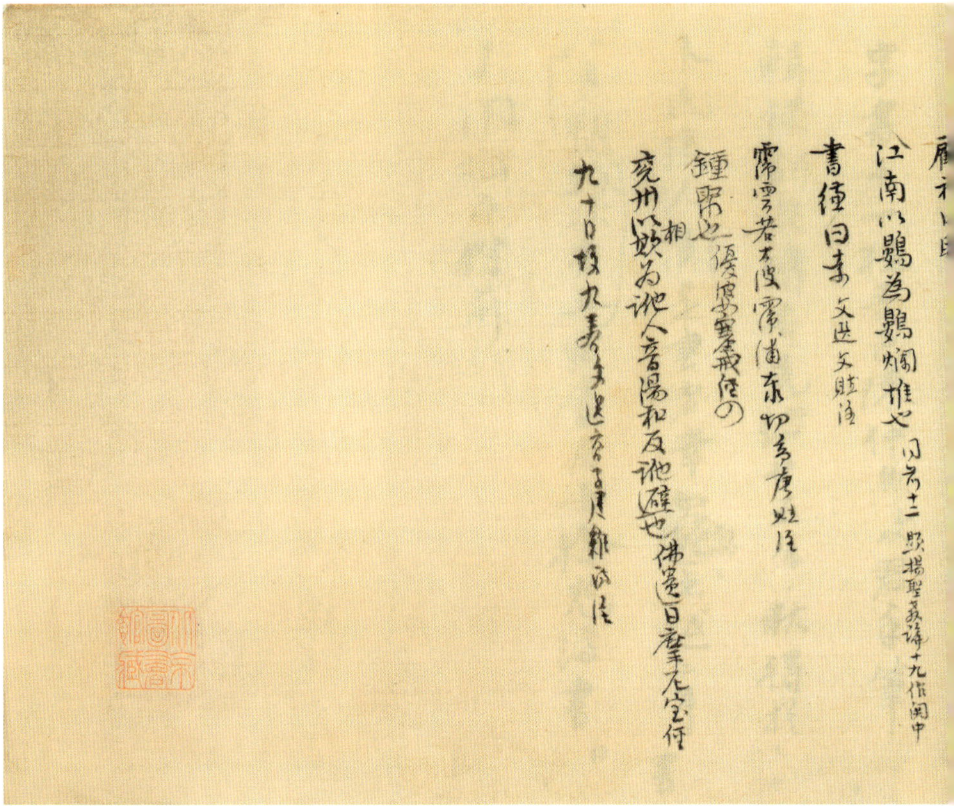
扁礻以
江南以鶡為鶡鴠雄也 同前十二 默揚聖教詩十九作閔中
書傳曰來 文選文賦注
霈雲若木皮霈、猶東切音唐韻注
鍾聚也 優婆塞戒經の
兗州以𪆰為池人音陽和反池碓也 相 佛説日摩尼寶經
九十日接九壽來逆交交建鄴ム注

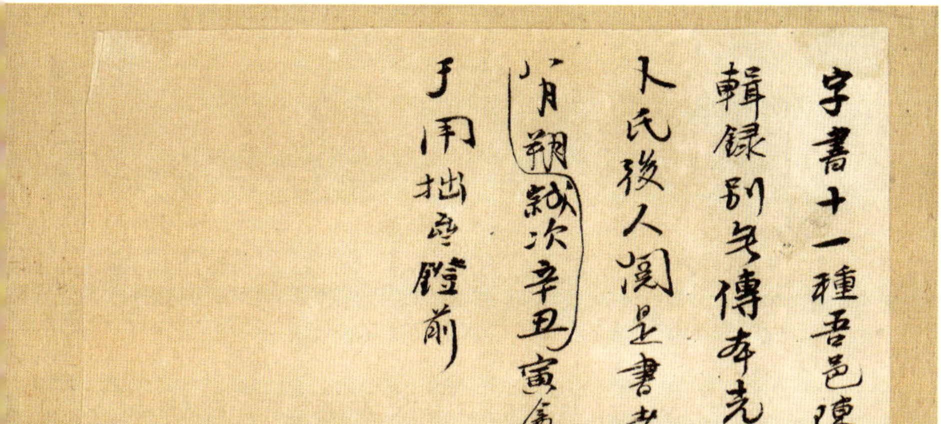
字書十一種吾邑陳仲魚徵君手筆
輯録別有傳本光緒廿五年秋得於
卜氏後人閲是書者幸寶之越二年
小月朔歲次辛丑寅廬居士徐光濟書
于甬拙庵燈前

聲系

（清）陳 澧 著

解題

陳鱣（1753—1817），字仲魚，號河莊，又號簡莊。浙江海寧人。清代乾嘉時期樸學名宿，精研許、鄭之學，著述宏富而多散佚，以藏書家之名聞於後世。生平詳參陳鴻森《陳鱣年譜新編》。

國圖藏《聲系》一册，書衣墨筆題『簡莊集』三大字，全書用墨印九行格紙，左右雙邊，單黑魚尾，版心下刻『裕德堂』。是稿前後無序跋。書中首葉首行題《簡莊經籍目》，次行以下羅列陳氏所撰輯經部著述十五種之書名及卷數，末一種爲《聲系》十五卷；該葉右欄外側鈐『臣/鱣』白文方印。次葉以下爲《聲系》正文，版心有墨筆手書葉碼，全册依次爲『一』至『廿六』、『一』至『廿六』、『一』至『十七』。三處第『一』葉首行均頂格題『聲系』，次行偏下書『海寧陳鱣述』；首個第『一』葉首行下端鈐有『仲/魚』朱文方印。因此，國圖藏目著録爲三卷。

有關《聲系》的撰作情況，仲魚遺文略無一及。然仲魚協作之《小學考》卷十有『海寧陳鱣仲魚，著《説文解字正義》三十卷、《説文解字聲系》十五卷』云云；並世大儒阮元（1764—1849）爲之撰《論語古訓序》則云：『陳君精於六書，嘗著《説文解字正義》；又以《説文》九千言，以聲爲經，偏旁爲緯，輯成一書，有功學者益甚。』陳鴻森先生於稿本《聲系》知而未見，乃據上述二則材料推論，以爲阮氏所言『以《説文》九千言』云云者，即《小學考》所載之《説文聲系》，其體例則類嚴可均《説文聲類》之屬，國圖所藏三卷稿本《聲系》或即其書。

今觀稿本《聲系》，乃以《説文》諧聲字研求上古音韻部之作，實爲《説文》諧聲譜。其分《説文》諧聲字爲十三部，名以『弟几部』，附注以相應《廣韻》平聲韻目；次一行排列《説文》文字，先列主諧字，後列被諧字，魚貫而下，每行多以七字爲率，異體字則以小字附正字下。所分十三部之次序，則依各部相應《廣韻》平聲韻目之前後爲定。相較於嚴氏《説文聲類》，其體例及内容與江沅（1767—1838）《説文解字音均表》及王國維（1877—1927）《補高郵王氏説文諧聲譜》更爲近似。而江、王之書皆以『説文』名，則《小學考》稱仲魚《聲系》爲《説文聲系》，雖非『主人所命』，亦無大謬。鴻森先生之推論，可以成立。

考江沅《音均表》乃承其師段玉裁（1735—1815）之志而作，故用段氏所分古韻十七部。王國維所作則據王念孫（1744—1832）之殘稿補完，所依爲王氏早年所分古韻廿一部。是則江、王之書直視爲段、王之書亦無不可。而段、王之古韻研究，創獲特多，深爲後來者所推許。仲魚與二人同時並世，乃能以相同方式研求同一課題如彼二人者，足見其學術特識。古韻分部之研究，至段氏而更上一層，所論『同諧聲者必同部』影響於後來者至深，仲魚之作《聲系》，即是在段氏理論揭出背景下的時代回響。

可惜的是，《聲系》一書並未定稿，更不流播而影響於世。今所存三卷稿本，多有朱墨雙色筆標注及塗抹，尤以第一卷第二、三部爲甚。其第二、四、六、七、十三等部所列《廣韻》韻目，較該部實際收字所屬韻目皆有脱漏。第一卷第十九葉於天頭粘附一簽，上有墨筆書古韻分部方案一套，復以紅筆塗改爲另一套方案，皆分古韻爲十二部，與正文分十三部者不同。全册之末附一長條白紙，題爲『諧聲譜』，乃用顧炎武『離析唐韻』之法，分合《廣韻》206韻韻目而擬爲古韻二十一部，較前述三套方案均更精密，且頗有與段、王古韻分部創見相合者。然而，無論精密與否，仲魚的古韻分部都不過是結果的呈現，既無理論分析及論證過程，其在古韻分部研究史上也就難分一席之地了。

考阮元《書〈聲類拾存〉後》有『陳君鱣嘗著《聲系》一書，因部分未定』（《小學考》卷二十九）之語，知仲魚之古韻分部確曾長期研討，始終未得定論。不過，值得注意的一點是，現存三卷稿本，確已涵蓋完整的十三部古韻，考慮到文獻記載所言爲『十五卷』，不知仲魚的分部理論是否即存在於佚失的十二卷中？抑或者，今存三卷便是其完全之本，如陳鴻森先生所説爲後來删併者歟？

除了上文述及的朱色筆的應用，《諧聲譜》一紙中尚用黄色筆點示同一韻目是否分屬不同韻部，可見顏色在此稿本中的功能性作用。因此，今以原色印製，也就顯得理所當然了。

趙兵兵

簡莊集

簡莊經籍目

周易存義十卷　尚書鄭學十卷　三家詩拾存六卷　詩人攷三卷　三禮目録箋三卷　春秋家傳二十卷　論語古訓十卷　孝經鄭注一卷　孟子輯注七卷　爾雅集注三卷　六藝論説集一卷　五經異義摭遺五卷　石經説六卷　説文解字正義三十卷　聲系十五卷

聲系

海寧陳鱣述

第一部 東冬鍾江

東 涷 凍 蝀 棟 重 緟

憧 鍾 種 腫 踵 偅 踵

動 湩 連 童 童 僮 潼 橦 撞

鐘 鏞 衝 衝 䡴 罿 穜 董 瘇 僮 曈

龍 瓏 龍 嚨 聾 櫳 礱 龐

瀧 礲 龔 龔 籠 櫳 櫝 襱 寵

滃下接容

壟 隴 同 桐 侗 恫 銅 鉶 詷
敞 筒 迵 衕 眮 駧 洞 鮦 挏
公 伀 衮 忪 瓮 頌 額 訟 蚣 衮 松 寀 舩
蚣 蜙 翁 蓊 鰯 螉 滃 工 巧
功 攻 玒 訌 仜 㻴 鳿 粠 紅 虹 蛩
杠 釭 瓨 缸 貢 江 鴻
項 澒 邛 枊 巩 巩 蛩 銎 恐 巩 筑
跫 跫 空 倥 悾 椌 涳
控 躳 躬 窮 藭 竆 宮 营 穹 㝨

容在公下

鬲	盅	涌	痛	鏞	鎔	廱	冬 臾	絳
穹	沖	蛹	誦	墉 䗤	鰫	灉 擁	苳	栙
中 串 中	仲	[illegible]	庸 鱅	鱅	搈	壅	終 夂	洚
节	用 用	通	鄘	容 宊	邕 𨛜	蟲	螽 螺	降
衷	甬	踊	傭	傛	雝 鶅	融 融 瘇 赨	颿 䶱 鼜 泈	隆
忠	筩	勈 戫 恿	鏞	溶	癰			癃 瘩
忡	俑	桶	鱅	[illegible]	饔	蝕	夅	隆鼓
						闘	笒	

眾从

丰 邦 峀 丰丰 奉 捧 琫 菶 唪 夆	捀 𢓜 逢 蓬 莑 縫 逢 蠭 蠭 鏠	从 從 蹤 縱 縱 瘲 鏦 錄 蹤 樅 瘲	從 聳 豵 蹤 鏦 錄 囪 窗 田 悤 璁 窻	聰 悤 驄 鍯 蟌 總 蔥	繱 凶 匈 肖 詾 訩 說 恟 洶 兇	嵏 葼 鬷 椶 稯 稅 艐 緵	堫 嵕 宗 琮 賨 悰 淙 綜	崇 農 膿 學 盥 噥 儂 獿 濃 穠 醲 齈

茸从聦省聲當改列聰下

育 充从人育省聲

豐 在丰下

戎	娀	風 凬	楓 諷	嵐	鳳 翢	芃		
豐 豊	豒	酆	靊	封 𡉚 㞷	葑	𦃂		
充	珫	統	叢	藂	眾	潨 𩅧		
冡	幏	𩦪	𨣙	蒙	矇	饛		
濛	鸏	蠓	匇	共	供	洪 烘		
㤨	恭	拲 桊 拱 廾	弄	栱	䢼 巷			
閧	䢼	尨	哤	牻	駹	浝 滝		
厖	雙	愯	茸 䩸 髶 𨡕	搑	舂			
惷	贛	灨	匶 欑	送 送	𧮪	瘲		

絲 緊

雉 雞 蕥

巂 从冏

卑 从甲

疾 嫉 㑵 嫉

矢 䓹

宂	熊	第二部 支脂微齊佳灰	支	妓	魁	知	嬀	纗
䛪	嗎		枝	攲	㩻	智 鍃	孈	蠵 蠖
「甍夢薨 儚 鄸	顯		鯜	伎	豉	潪	攜	鑴
薨瞢癭懜夢蝀	鯃		趌	頍	㹻	䥉	觿	𧥾 讗
	榪		跂	跂 屐	洟	䥉 觀	酅	卑 萆
雄	弓 弘		郊	忮	雄	巂	㩗	郫
彤 覓	寂		岐 𢧏 枝	芰 芟	蚑 鼓 敲 雄	䧿	㒑	裨

𩓾 錍 庳 廑 陴 鞞 脾 婢 鞞 婢

埤 碑 俾 鞞 箄 稗 髀 踋

頩 㪏 猈 捭 婢 稗 粺 藻

鞞 椑 錍 蜱 甈 蠡 蝱 是 昰 禔 蒫 偍

箟 匙 趧 鞮 熄 隄 禔

題 騠 提 諟 媞 堤 睼 謕

踶 緹 湜 乀 氏 祇 芪 疧 眂

怟 蚳 軝 瓻 紙 觝 坻 抵 泜

𤬫 祇 衹 胝 奃 覎 紙 蚔 蝨 疧 坘 汥 泜

也从乀

爲入歌麻

菧 盜	軝	禠	蹏	遞	跪	鍦	隖	倪
底 砥	泜	榹	嗁	厥	䑸	垝 陒	蔿	郳
底	秖	滮	鐮	危	桅	頠	寪	覤
牴	趆	鷈	騑	户	恑	爲 蒻	瘍	麑
呧 詆	适	虒	觽	危	洈	嬀 譌	闔 騸	霓 鯢 鶃鷊
邸	厂 危	鷈 篪	愢	硊	媯	鄬	僞	鯢
抵 雎 鴟	虒	縭	褫	詭	蛫	撝	兒 誽 觬	婗 蜺 霓

奇入歌麻

輗（軦 棿）	徛	倚	齮	鼷	徯（蹊）	奎	烓	詿
郳	猗	輢	寄	嫨	謑（謨）	茥	哇	挂
猊	踦	輢	騎	螇	圭（珪）	觟	洼	絓
睨	婍	椅	奚	鷄	桂（鮭）	刲	娃	街
鬩 麑	觭	剞	雞（鷄）	谿	邽	𪓰	鼃（趌）	罣
奇	犄	綺	豯	膎（傒）	麈	眭	桂	厓
攲	旖	錡	騱	蒵	閨	黊	卦	崖

嫿 婎
窐 㵐 巂 蘳
桂 畫 卦 奚

佳恚媞只跂　胑肢　枳　積伿　迟　疻歔

枳　軹侸　衹物　垂　陲　甀睡腄錘埵唾

厜　捶　箠　騅䮔　䳠　娷　諈腄涶

朩　爾　邇𨔩迩　薾　檷　濔闟籋薾璽鬫

镾瀰　璽壐　彌　纏獮豩麗而䙳　癧蘼　觀戲酈

籭曬儷　驪鱺灑邐　躧韆　纚　釃

規鳺　槼嫢嫛　窺　闚　㰷嶲　槼　瘻纗

羲羛　儀　䶊　檥　鄯　轙　議䰮

宜𡧪宜　誼　兮　盻謚　嶲　譎撨　儶蠵觿

重文淫

醨 離 蘺 彖 蠡 彝 欚 鱺

彑 彝 彝鎓 彝 豕 希 豨 帬 豨

家 兕 豸 矢 笑 雉 𣴎 璣

雉 薙 丌 迂 箕 甘典 其 匜 禖 禥 其

綦 旗 期 旮 稘 朞 騏 麒 淇

鯕 䫏 娸 基 諆 碁 惎

璂 瑧 綦 欺 僛 利 秎 䰦 蘮 [illegible]

勢 藙 鞪 遨 鶩 鷙 勦

佳 琟 惟 奞 騅 萑 雉 錐 誰 碓

魋

䨊 譙 睢 帷 匯 倠 睢 婎 蜼 碓 趡

椎 鶽 隼 頎 陮 推 蓶 維 滙 淮 匯

唯 雖 蓶 鷕 雁 崔 崔 催 摧 縗

潅 淮 匯 隼 準 齊 齋 齉 齎 蠐

齋 粢 齍 薺 齎 齎 躋 櫅 嚌

濟 霽 擠 劑 穧 儕 齌 齌 齎

妻 安 萋 郪 悽 淒 霋 緀

次 貳 膩 樲 撴 茨 恣 趑 姿 資 餈 粢 垐 墍 蠀 蠀 恣 佽 絘

欰 資 蕢 潰 積 賫 咨 楷

鬏 恣 懿

枈當从比今从北誤

㠯从𣬉省 算

厶	玜	私	菘	匕	疕 帄 牝 屁			
屖	秜	呢	泥	柅	昵	坭 尼		
旨 香 詣	指	恉	麔 麎	脂	鴲	鮨 鞂 眉 稽		
耆 嗜	榰	着	比 㚶	芘	枇	祉 仳 妣 蠙 邶		
紕	秕	妣 如	庇	坒 梐 陛 䡌	螕 媲 槐			
貔 豼 槐 蠯 蚍 螕	膍 肶	槐	此 紫 䠊 趑	跐 齜 鷀 觜 䇹 雌 跐				
㞢	茈	紫	呰	啙	眥	批 眦 紫		
疵	貲	鴜	䳄	鶿 鴜	姕	鮆 泚 玼		
𢼀	訾 齍	夷	咦 羠 桋 侇	痍 洟	姨 鴺 鵜			

口从紫省聲

芙 弟 娣 睇 鬄 梯 褅

米 麋 蘪 迷 眯 罙 寐 敉 絲 蘼

几 飢 肌 机 卪 𠙴 非 輩

悲 菲 蜚 背 棐 騑 扉 腓 罪

俳 裵 排 誹 斐 篚 [illegible]

棐 扉 扉 蜚 翡 輩

匪 篚 靡 靡 縻 縻 縻 縻

飛 騑 口 圍 幃 奪 潿

韋 幃 湋 媁 闈 違 韙 韍

葦　椲　韡　偉　褘　煒　緯　衛　衛衞衛心衛足

諱　幾　璣　嘰　譏　機　饑　僟　幾

幾　邀　僟　鐖　畿　蟣　穖　盌

蟣　稀　莃　唏　郗　睎　絺　俙　睎　脪　欷　豨　豨　蘚

豈　豈　豈　愷　塏　鎧　闓　鎧　愷

磑　皚　敳　殪　剴　皚　螘　覬　顗

微　薇　薇　徽　薇　贈　溦　微　徽　徽

衣　依　哀　扆　妖　衰　自　依　德　歸　歸　巋

覺　肥　蜰　萉　腨　巍　尾　娓　梶　犀

魏 从委聲

厶 垒 絫 㯓 厽

士 仕 壂 胇

由 甶 卉 蕢 臾

犀 遲 迡 遟 墀 屖 謘 穉 季 尸 吖 屎 柅

胥 揟 楈 郿 湑 婿 㬉

隗 溾 鰓 槐 煨 猥 鍡 鬼 魄 瑰 魁 槐

傀 瓌 瘣 䰎 魋 媿 愧 隗 凷 塊 餽 裹 蜆 嵬

魏 委 倭 矮 綏 透 餧 痿 覣 萎 諉 錗 矮 踒 巍

靁 回 洄 洄 雷 櫑 儡 礧

畾 壘 鸓 壘 鑘 藟 虆

纍 儽 欙 巑 灅 蕆 械 綏 桵

貴 遺 讃 匱 蕢 臾 隤 殨 饋 儨 櫃 瞶 潰 闠 繢

口也 杢 漆

多入歌麻

皆在此下

樻	隤	豙	㥞 礈	遂 旞 旞 邃	檖 蓫		
檖	闠 隤 隊 隧 鐆 隧	隨 墮 髓 隨 髓	隨 隨	隨 隋			
癸 癸	葵	揆	鄈	騤	戣	揆 睽 偨	
湀 闋 闋 褱	懷	瀤	壞 㲬 黚	糸	跡		
頯	藧	瓊 嚾	皆	喈	階	階	
緒	諧	瑎	偕	鍇	騎	湝	
楷 楷	鍇	哆 遂	移	栘	簃	侈	
銘	誃	移	垑	烗	姼	廖 黟 眵	
示 示	祁 祇	狋 視 眂 眎	蚳	施	蝱	䁐	

酏　迆　匜　弛　馳　地　乂　刈　艾　忍　鳰　㺜

伊　蛜　罷　蘢　鑼　皮　詖　跛　旇　皷　彼　披　髲　貱

鮍　駊　鞁　鈹　陂　坡　疲　簸　彼　破　柀　帔　紴　被　波　紴　皺

燬　毀　爔　燬　擊　气　氣　餼　槩　芞　杚　钊

仡　矻　汔　圪　趌　訖　紇　钦　鈍　齕

氣　繫　餼　愾　鎎　肸　肸　既　蔇　嘰　槩

暨　墍　漑　摡　慨　會　給　繪

旝　襘　噲　䯤　廥　膾　劊　澮

獪　檜　禬　鄶　穭　薈　黵

獪　歲　濊　噦　劌　奯　薉　濊　肉

肉　芮　汭　軜　納　魶　蜹　蚋　兌　笍

兌　稅　䬇　祱　涚　蛻　梲　銳　㓹

說　敓　閱　朿　策　茦　趚　涑　敕　諫　莿

莿　刺　蓛賁　嘖　謮　精　簀　積　幘　齰　磧　漬　婧　績

帝　啇　諦　締　禘　啻　謫　蹢　適　擿　鶙　鷈

樀　嫡　滴　摘　嫡　鏑　敵　刺　瘌　莿　刺　瘌

賴　籟　櫴　瀨　瀨　鯠　剌　介　芥

玠　界　閉　扴　妎　疥　价　魪　紒　夰　尬

害犗轄搳割舝

駘 怠 齡鴿 怡 帶 帶 蹛
蔕 揥 螮 滯 蔕 遰 絕𢇍
繼 檵 丰 丯刀 栔 契 楔 挈 契 趨 偰
契頁 契 偰 契阝 鍥 鶦 窫 喜 叀 惠 蟿 䡓 轚 毄 擊 繫 毄 墼 罊
憝 毄 繫 蘻 鬁 薊 劦 珕
劦 協 勰 恊 彗 篲 簪 槥 鏏 霠
彗 繐 慧 嘒 嘒 惠 憓 穗 蟪
瀎 蘮 罽 瀱 綱 剢 瀱 檞 水 㴸 瀱 砅
卋 世 迣 跇 泄 抴 呭 齛

㡀 敝 潎 幣 蔽 獘 斃 鼈 瞥

癸 睽 揆 䙫 蔡 察 際 登 鄧

医 殹 瘚 毉 翳 鷖 堅 醫 殹 毉 繄 杕 軑

泰 太 汏 萬 蠆 勱 邁 譪 噧

犡 糲 癘 厲 礪 蠣 蠇

丿 甹 愢 瑰 孛 涑 辰

𠂢 派 衇 覛 䀡 脈 霢

戒 械 誡 械 悈 𣎵 葉 拜

卒 萃 醉 淬 悴 瓶 碎 崪

鈸 䥥 撥 鏺

啐 啐 醉 誶 卒 睟 粹 翠 澤 顇 悴
猝 䟶 踤 捽 窣 末 眛
䬴 䬴 沫 𤿆 發 撥 鏺 橃
廢 廢 癈 末 眛 眛 寐 沬 䬴
妹 味 菋 制 製 四 三 泗
柶 牺 呬 自 自 臬 劓 劓
畀 畀 箅 痹 至 垔 墊 䋞
姪 垤 咥 耋 窒 桎 郅
蛭 庢 挃 銍 室 䶡 荎

秫朮　術　沭颭　鉥　茦　怵　訹痳

䢤　述䢦　逑　𦍒肉　噊　遹　䢤劀

橘　憰　潏　鷸　䚯䲘　繘　驈　寙　蟜　醑　霱　肅

聿　筆　律　葎　畫　書劃　劃　月

䟤　朋　肕　戉　乚　戊　越　泧　䎘

絾　娍　跋　叕　棳　啜　歠　醊　綴　腏　娺　掇

㓷　叕　畷　䳊　窡　窖　窶

犮祓　芨　魬　跋　翇　䳊　祓　柭　㧞　帗　拔　䟦

废　炦　泼　鮁　坺　妭　軷　魃　髮

述　逑

屈䳓剧䖲崛掘堀

出	數	埒	栝	頢	聒	趹	蹞	乙 乹
茁	寽	鋝	䯏	髻	夬	駃	貝	軋
柮 䪝	捋	氒	适	括	快 決 抉 眏 赽	[illegible]	浿	空
炪 詘 誳	叓	昏 昬	鴰	銛		妜	䟺	札
拙 蚰 泏	脟	适	佸	懖 鍩	疺	抶	退	杀
豩 黜 咄	埒	秳	䶩	活 湉	鴂	蚗	敗 敱	殺 㣵
祟	蛶	萿 話 譮	姡	闊	肤	鈌 缺 [illegible]	則	樧

忽 颮

石 益

屮	巕	莂	洌	禹	誓	制	𨔛	囘 回
峕	櫱	迾 䴕	颲	竊	勿 笏	怫	遰	洄
辥	𣝢 檗 檽	鴷 例	悉 㣆	設	物	咈	蹛	榈
薛	獻 巘 轙	裂	糂	㲚	茀	拂	兀	亘
嶭	歺	洌 鴷	桀	折 新	芾 紼 歿	𣏌	軏	達 䦊
孼	歹	烈	傑	哲 折	紼	佛 費 髴	扤	達
𧑅	列	栵 蛚		哲	沸 湱	髴 艴	阢	撻 䢿

匃 曷 謁 暍 磿 歇 碣 㬈 揭 竭

趨 羯 楬 稭 藒 楬 鶡 碣 蝎 堨 餲 遏 闒 揭

餲 頞 鶡 渴 藹 灦 葛 鄗 藹 暍

謁 藹 靄 取 臤 掔 朮 述

悖 勃 誖 悖 勃 浡 脖 悖 䮍

巤 圣 怪 最 蕞 鬱 欝

胃 菌 謂 渭 颶 蝟 媢 緭

啚 畐 鄙 恖 緊 水 沝 㶣

箟 機 齍 甗 鑪

第三部之咍

之 芝 蚩 菊 事 蠶 敳 㴔 寺 等

峙 詩 誌 持 榯 侍 庤 時 溡 痔 峙

邿 待 侍 時 塒 蒔 事 事

菑 佁 炱 枱 㠯 祀 㠯 詒 殆

飴 箈 枱 鉛 鮐 怡 飴 齝 始 飴 觝 胎

駘 臭 治 胎 邰 殆 紿 眙

佁 駘 枲 隸 隸 怠 治 菭 矣 誒

俟 糇 竢 涘 挨 騃 娭

能 能 態 能 罷 罷
罷 能 罷

埃 唉 欸 匝 頤 頤 班 茝 脛 獄
姬 筐 宦 洍 䛐 配 娶 熙 里
理 董 釐 趩 悝 俚 野 悝
裏 鯉 貍 蘿 霾 而 荋 胹
栭 洏 鮞 輀 陑 恧 邧 迌 箕 其 𠀠
稘 萁 綦 旗 期 朞 棋 碁 騏
麒 麒 淇 鯕 䫏 娸 基
諆 碁 惎 璂 琪 綦 欺 僛 斯 澌 澌 𧫾 㯕 凘
囟 恖 總 颸 偲 鰓 緦

辭 辭 辭 嗣
妃 配 巵
忌 諆 跽
巳 汜 祀 圯 祀 禩
改 起 巸 熙 嬖
頁 頊 㩉 餌 恥 佴 姬
頮 靧 㵉
存 薦 栫

玆	茲	慈	嗞	鶿	滋	孳
子 李 孶	仔 李 孖	司	詞	祠 嗣 笥		已
紀 記	改	起	芑	杞	邔	忌 跽 圮 改
宰	莘	滓	榟 梓	史	使	吏
䞁	才 趀 在 茬		財 豺	材	栽	哉
載	裁 裁 截	戴	戠	戴	戠	戴
來	斄	萊	淶	秾	騋	棶
賚	臺	㙗	亥	荄	該	刻 劾
毅	胲	骸 頦 核	豥	晐	痎	侅 頦

畀从甶 綼 瑮㻜䕻

矣从矢聲

陔閡㤅垓 咳孩 甾由𡿧甾 緇 錙輜

突裁 喜歖 譆 譩 嘻饎糦 歖 憙

僖 疑 儗 薿 擬 癡懝嶷礙

譺 代 弋 杙 貸 㤥 伐

式 伏 試 軾 忒 飤 飾飭

飾 戠 職 織 識 熾

異 趩 廙 廙 潩 冀 驥 㠣

趩 直 殖 植 稙 埴 置

悳 德 得 㝵 則 賊 測 廁 側

苟著	亟	䩯	殛	𢜳	極	或域
淢	黬	鋮	蜮蟈	棫	戫	㽣
閾	惑	魊	國	幗	力	朸
肋	朸	扐	阞	泐	勒	𡐛
[illegible]	勊	黑	墨	嫼	默	纆
畐	福	堛	副䮠	偪	幅匐	稫福
檍穓	啻	薏	噫	億	意	澺
畟	稷	稷稯	皀	服	菔	即
[illegible]	寔	塞	簺寋	棘	僰棘	乃

串 𧽯 趪 䟽 鏶 進

鬲 再 洒 栗 菜 悸 瓜	佰 畜(畜) 蓄 稸 鄐 歖 匋(勝)	第六部 秭 柹 竢 沛 姊 市 止 企(企) 沚 祉 齒 阯(址) 晉(習)	恥 海 若 趌 踣 血 洫 泣	陡 徙 沚 屎 簁 縰 水 林 寐	第四部 魚 虞 模 (象)	負 鱻(敵) 魚 漁 穌 蘇 居(层)	琚 腒 椐 裾 涺 据 㮂	凥 踞 倨 鋸 余(叙) 餘 郐 賒 敘

畬　駼　捈　酴　筡　稌　荼悆斜

悇　禽　涂　徐稌　除　蒢　篨

舍　郐　舒　狳　亍　迂　紆

杅　尪　玗　竽　盂　吁　衧宇㝴蜍

忓　杅　邘　䇬　盱　䍂　邘汙洿

訏粵　雩雩鴨鄠謣　謣樗㮧雩　荂　嵣　謣蹲

夸　誇　跨踤　侉胯綺　匏　鄂洿　瓠

乎　呼評　枰　虖　歔　嘑　夫麩䴸

邦　袂　鈇　鈇　扶敖　扶蚨　孚乳采

接下豦

莩	桴	[illegible]	艫	[illegible]	鐪	隝	鴽	臑
筟	罦 罨	盧 鑪 攎	顱	臚 膚	虘	瘀	郍	襦
郛	烰	盧	髗	驢	虘 虞 虞 鐻	淤	帤	懦
桴 粰	蜉 乳 [illegible]	蘆	黸	廬	烏 緆 於 瑦	棜	絮 恕	嬬
俘	虍 慮 勴	鸕	纑	虜	鄔	姕	挐 挐	繻
捊 抱	虎 鑢 [illegible]	籚	壚	虜		汝	需	孺
浮 脬	琥 [illegible]	櫨	鑪	鱸	趨	如	儒	擩

嬬濡䰕舁輿擧車庳蓰

叀惠且俎詛岨祖

租怚鉏伹豠姐坥

粗狙鴡苴駔阻罝罝組罝

柤咀趄苴祖胆珇

殂作組徂祖遣疽䏣袓菹

虘謯樝齇𢻮䶥覷

𣾘髗𡠻租葙助耡

沮菹蔖葅𧁛正延𧿹齼楚

胥	楈	厶 [竹厺]	䖙	勮	謳	驅	醧	[竹朱]
[魚胥]	糈	厺	豦	遽	傴	漚	朱	殊
諝	揟	𣏞	[豦且]	蘧	歐	驅 敺	茱	邾
[忄胥]	蝑	魼	噱	籧 処 處	軀	嫗	珠	株
壻 婿	疏	阹	[艹豦]	區	毆	甌	咮	洙
湑	蔬	𣏞	據	蓲	貙	摳	誅	銖
稰	梳	麮	簴 醵 䣐	樞	彄	[阝區]	袾	姝

絑　鼄蛛　几　𠘱　殳　杸　羖
㚤　股投㕦臾　萸　楰　諛　腴
庾　斞　俞瑜　踰　逾　諭　羭
榆　𪎌　牏　鄃　愉　匬　覦
褕　𢄼　窬　貐　渝　瘉　輸
揄　媮　蝓　緰　隃　䣿　須
盨　嬃　𦄀　𤰈𦑢　芻　趨　齺
鄒　犓　雛鶵　騶　𦞣　媰　縐
橆　𣡗无　璑　蕪　膴　瞴　鄦

廡𢊍 憮 憮 潕 撫迯 嫵 膴
舞翌 𦏧 巫𡘆 覡 誣 毋 毒
𦶎 吳 吙 俣 誤 娛 虞 噳
奴 呶 怓 怒 笯 砮 絮
帑 弩 絮 孥 壺 壼 𧇊
蘧 巨榘 王歫 鉅 苣 距 柜
𧍯 鉅 䉲柜 渠 驉 呂膂 莒
梠 筥 侶 閭 旅㫛 㫛 者
書 翥 楮柠 箸 睹 覩 暑 睹

絑 鼄蛛 乆 皃 殳 杸 羖

𡛕 股投吺臾▼ 萸 楰 諛 腴

庾 斞 俞瑜 踰 逾 諭 羭

榆 [illegible] 牏 [illegible] 愉 匬 覦

褕 㡏 窬 貐 渝 瘉 輸

揄 婾 蝓 緰 隃 [illegible] 須

盨 嬃 𦄃 須𥪻 芻 趨 齺

鄒 犓 雛鶵 騶 蒭 媰 縐

霖 霖无 璷 蕪 膴 膴 甒

第一 東冬鍾江 第二 支脂微齊佳皆灰 第三 之咍 第四 魚虞模侯
第五 真諄臻文殷 第六 元寒桓刪山先仙 第七 蕭宵肴豪
第八 陽唐歌麻 第九 陽唐庚 第十 耕清青 第十一 蒸登 侵覃
第十二 覃談鹽咸嚴銜凡

䐗 瘏 鬻（煑鬻高） 都 渚 緒 楮

堵 陼 赭 署 闍 奢（奓） 譇

屠 躇 鄐 諸 藷 儲 豬

藸 瀦 箸 櫡 䃴 宁 羜

斵 貯 眝 紵（綍） 竚 𥁕 𧇊

女 汝 寠 毋 莓 鵡 拇

坶 每 誨 梅（楳） 敏 𣫭 䍙

悔 侮（母） 娒 海 鋂 畮（畝） 晦

脢 緐（縛） 毋 毒 𣫲 予 芧

柔杼舒屖仔豫序

紓抒野埜与與舁趣歟

譽鸒𢊁礜鱮嬩惥

舉旟𣿖羽栩郷詡

𤡸霸禹踽齲聥萬楀

瑀踽需鄅瓜窳、

主宔注柱鴸駐狂

罜麈娃取菆諏齺

趣棷郰冣㔌掫娶

鯫 陬 聚 騶 堅 父 爷
希 搏 甫 莆 哺 鬴釜 餔𨻶
郙 庯 酺 痡 逋逋 悑怖 匍
圃 誧 俌 脯 豧 䋠 浦
補 輔 鋪 捕 簠匿 酺 浦
蒲 専 榑 噂 膊髆䪙䩦縛敷 傅
溥 溥 薄 薄 鎛 博 簙
武 賦 陚 古 祜 痞 枯
詁 黏粘 𩕳 姑 怙 岵 沽

故蛄姑居踞罟盬監
苦楛辜姑嫴酤䕆胡
瑚餬鶘湖固菌箘
棝涸湖婟錮蠱鼓鼛鼔
瞽兆兒篼五乂伍吾菩
語衙齬梧敔郚寤𡪢
晤魯梧悉害圄浯鋙
午許杵汻土社袿牡
𧺆吐杜処處鼠晋

卸

戶 戾　戹 戹　妒　扅　扈 鶚鴟 所　斷

御 馭　禦　篽 魰　御 鋙　庶　蔗　嗻

蹠　遮　樜　蟅 摭　度　敷 勴　劇

渡　禺　喁　䳑　遇　髃　耦

偶　厲　寓　偶　愚　顒　嵎

隅　堣　湡　藕　目 囼　臭　闃

郥　鶪 雎　鶪　明　䝵　䁥 謑　奭

斞　瞿　忂　衢　躣　趯　鑺

戄 愳　灈　攫　臞　矍　趯　躩

攫	柎	鮒	具	豍	鋀	澍	募	鬕
玃	符	泭	俱	郖	豈	廚	瘼	幕
貜	疛	坿	暴	頭	梪	莫	鄚	漠
彏	拊	紨	㬥	脰	豎豎	嗼	謨暮	蟆
钁	駙	軵	曓	侸	㤱	模	慕	鏌
付	跗	府	豆豈梪	短	尌	膜	慔	驀
祔	怤	腐	逗	𣪌	樹尌	摹	貘	墓

驀摹步荹踄庰訴𧩃愬

溯遡趚朔兔䨲䨲娩

亘亙桓罝豸㬎戍䍐

矦矦喉餱猴侯鄇猴

鯸鍭婁𡜊嫈謱遱蔞樓

簍[illegible]瘻廔髏腰屨

僂寠褸漊[illegible]摟螻

鏤縷塿摟數藪籔

丩州㸗訓丩卉訆

句在口後

叫赳朻嘂[illegible]觓糾

虬句苟玽跔欨邭

朐翑雊鴝敂笱[illegible]

耇狗[illegible][illegible]駒豿劬

佝斪軥拘鉤蚼鼩

姁[illegible]痀枸竘蒟眗

駒收[illegible]口[illegible]叩扣

釦后茩[illegible]詬訽鮜姤

垢郈[illegible]厚垕斗料[illegible]

鏗硜 覞 斲 㪿 鬭 鬥 閗 冓

篝 遘 講 韝 構 購 覯

溝 媾 斠 寇 滱 戊 茂

奏 屡 𣪠 湊 巳 扁 漏 酉 陋

畫 白 自 碧 迫 敀 柏 伯

魄 怕 帛 狛 袙 百 佰

洦 拍 𡭴 蟟 虩 隙 㣎 穋 樂

藥 瓅 嚛 趯 櫟 擽 療 觻

礫 鑠 纅 轢 龠 籥 趯

敫在龠前

覦 淪 爚 闟 籥 籲 勺
芍 玓 礿 杓 的 仢 尥
灼 鼩 馰 豹 葯 肑 汋 妁
扚 杓 酌 豹 約 葯 釣
敫 璬 檄 譥 檄 覈 儌
霰 竅 激 擎 繳 墽 噭
歊 屮 弱 蒻 鰯 鰯 愵
溺 嫋 搦 叒 叒 若 諾 箬
婼 蕬 匿 暱 昵 崔 截 鷟

谷在口後
虐在虎後
各在口後

巤	鴽(雒)	郤	郄	詻	鞈	駱	略	潞
鬣	寫	谻	椰	格	骼	貉	輅	露
鑞	獦	綌(崅)	虩(虎)	雒	挌	絡	路	洛
𧅼(臘)	乏	卻	謔	略	頟	垎	璐	落
灉	兔(免)	腳	瘧	胳	零	鉻	賂	客
爉	橐	㕁	各	骼	䣞	貉	簬	憝
醶	谷(啣 膝)	𧒨	茖	笿	鴼	閣(格)	鷺	格

索 索 𩫨 槨 崞 郭 鞹

漷 霩 靃 藿 籗 篧 雈 蒦 韄

護 韄 臒 篗 觸 獲 臒 穫

鑊 濩 蠖 擭 鑊 乇 吒

亳 頊 魠 虴 奼 宅 𡧊 庑 侘

託 冟 秅 庑 屰 朔 蚌 逆 蔦

䇹 逆 縌 罣 還 䍿 剆 詻

厗 榑 塝 朔 戟 欶 嫯 瘷 噭 闞

厥 蕨 趣 橛 蟨 鱖 鷢 蟨 闕

聲系

海鹽陳鱣述

第五部 眞諄臻文殷

乚 眞 禛 嗔 謓 槇 稹

𧽤 愼 眘 滇 寘 䡩 闐 鎭

瑱 甄 蹎 瞋 眓 䐜 瘨 顚 窴

塡 因 茵 鞇 咽 欭 恩 駰 洇

姻 婣 㧢 𠧪 棲 卤 卤 垔 垔 陻 禋 䤃 羶 鄄 煙 烟 歅 𡊅

甄 𨃔 湮 闉 〡 申 神 呻

叟 胂 魋 靁䨻紳 坤 伸 敒

陳 敶 身 侚 㐆 般 𢝊

寅 夤 瞚 夤夋 演 螾蚓 戭

人 仁志尸 民信倿芈 珉 簢 怋 罠

鰵䲄鰵蚊 泯 敃 愍 敯 臣 茝

嚚嚚 𨚍 頤 挋宧 臤 菣蕈 掔

趣 賢 𥈕 腎 擊 孯 緊

婜 鋻 硻 堅 摼 辛 㾕

庠 亲 新 薪 親 櫬 寴

享从羊聲

瀙 聿 建 𦘔 津䳡 葎 肀

𦘕 盡 𡒊 藎 桼䆋 榛 榛

臻 溱 轃 獉 䕌 鬞 巾

齗 䶜 𧄝 鷏 厂 辰辰 裖 䢅

唇 賑 䫃 踬 欿 宸 䢈 𡅪

震䨘 娠 振 㫳 晨 𣊓 鷐 𧿚

脣 顧 漘 𦎧 𦎧 啍 諄 犉 睟

惇 錞 焞 淳 埻 錞 弴

醇 䧼 郭 敦 驐 憝 鐜

屯 杶櫄杻 笹 肫 邨 頓 庉

奄 窀 黗 純 鈍 軘 萅

偆 鬊 惷 蠢𢧢 囷 菌 趣

踊 頵 箘 麕麏 攟 匀 彴

赹 旬眴 訇訇 酌 均 荺 鈞銞

鈞 旬旬 珣 郇 侚 恂 帕

洵 姰 粤 栒 筍 楯 絢

侖龠 論 棆 倫 惀 睔 淪

崘蜦 綸 輪 陯 掄 蘂 驫

文　玟　旻　忞　彣　馼　紊

吝怒　麐　閔悶　潤　虔　攄　汶

分　羒　枌　棼　攽　貧穷　邠豳

盼　粉　肦　忿　黺　粉　鴬

盆　氛雰　頒　鼢蚡　汾　魵　扮

紛　坋　攽　份彬　虨　岎芬　棼

䨴　䨴　雲云の　澐　芸　囩　魂

䢵　坴　沄　妘鼤　抎　匀　喗

齳　皸　翬　運　暉　暉　韗韗

餫 鄆 楎 葷 鶤 惲 ⿰亻軍

惲褌 鼲 楎 渾 煇 揮 緷

韋 輝 熏 薰 纁 勳勛 壎

醺 斤 祈 芹 听 赾 訢

齗 靳 昕 忻 断 釿 ⿰虒斤

旂 欣 掀 ⿰犭斤 菥 沂 垽

近 ⿺辶芹 所 質嚽躓墐菫茶 菫 瑾

觀 饉 殣 瘽 鄞 僅 謹

螼 廑 㨷 勤 墐 ⿰目堇 鷬難雝

今在人𤴓

八在人𤴓

鷬	熯	黰	眕 疹	㐱 彡	㢧	吮	逡	𩜹
蘿	歎 鷬	㐱 鬒	袗 稹	餕	鈏	杭	梭	悛
䨻	嘆	㐱	駗	引	雛 隼	沇 沿	駿	皴
儺	犾	鬒	沴	靷 輆	毽	鈗	竣	狻
戁	獄	珍	紾	弞	準	阬	餕	浚
灘 灘	猌	趁	軫	朋	儿	夋	焌	畯
灘 溪	憖	眕	畛	紖	允	𨓏	駿	捘

俊 葰 陖 㕙峻 酸 䮴 尹夋

笋 伊 䇾 君谷 莙 郡 宭

窘 頵 輑 帬裠 涒 羣 㪬

㬙 㥯 檼 穩 鐚 隱 隠

穩 齓 刃 訒 杒 牣 靭

仞 牣 紉 汈 軔 忍 荵

孒 訊𩌦 迅 蝨 扨 臸晉 榗

戩 鄑 縉 粦 蹸 遴僯 鄰

驎 憐 獜 嶙 粼 鱗 膦

獜 麟 瞵 𨜒 鄰 盾 循

遁 楯 腯 㡒 揗 閏 瞤

潤 睿 濬 濬 璿 奮 𠿝 糞 穳

瀵 質 嚌 躓 七 叱 𣦣

切 一 式 聿 筆 律 葎 寽

孚 捋 脟 埒 號 蜉 捋

鋝 埒 酹 虢 灍 戌 狨

烕 滅 搣 乙 札 肊 臆 尼

呢 䏑 軏 阢 曰 昳 汩

𩲾

㬎	迭	[illegible]	帙 袠	[illegible]	[illegible]	[illegible]	結	[illegible]
顯	眣	镻	詄	㓼	詰	秸	頡	殪 懿
乙 鳦	䭿	胅	紩	厀	趌	蛣	襭 擷	豷
空	跌	[illegible]	軼	漆	欯	黠	鮚	饐
軋	昳	䭿	抶	厀	桔	拮	壹	撎
先	瓞 𤬪	泆	桼	[illegible]	硈	姞	噎	[illegible]
笶	秩	佚	[illegible]	吉	佶	劼	[illegible]	東 [illegible]

璞𪓶八潷潒白皐鞬韠

斁樺篳熚燁熚縪

彈醳必祕苾柲珌

斁飶邲郊眑胑覕

駜佖虙泌鮅坒閟

盜謐醯宓密蜜瑟爽

瑟室實逸「悉息糁僁」

𠂆疾脥𨥛弼弼㢸殺

第六部元寒䢒痕眞桓山先仙

兀 髡髨 抏 阮 元 玩 芫
翫 刓 邧冠 忨 沅 蚖 黿
軏 阢 完 莞 筦 梡 脘
俒 鯇 垸 院 [illegible] 泉 灥
厵原 蒝 謜 傆 願 愿 豲
嫄 縓 爰遙遠 爰 瑗 諼 暖
楥 覞 𩔇 煖 湲 媛 蝯
援 鍰 䋙緩 棥 焚 虨 煩
薠 樊 𨞛 𧢄 𩕰 蠜 𠬤攀

弄在濇下

鶾斡乾乾乾鄿

釆　番（䟓丑）　璠　蕃　譒　播　鄱

橎　膰　皤（䪤）　幡　獖　鐇　燔

磻　鐇　播　繙　潘　藩　籓

旛　瀋　宷（審）　瀋　㫃　於 —（倝）

翰　雗　鶾　韓　乾　榦　蘇

韓　瀚（浣）　冤　寃　䩐（䩐）　覞　娩

鯀（縛）　蘇　鯀　門　問　閺　闇

悶　閔　閒（暗）　捫　兩　閑　匲

闌（闌）　蘭　進　璡　卅　賁　蕡

噴 歕 膹 幩 僨 憤 鼖
豶 鐼 轒 奔 濆 墳 奔
卒 餴 饙 餴 昏 顐 鴖 殙 惛
閽 捪 鍲 緍 婚 𡣍 轗 敃
𥁕 昷 轀 嗢 殟 慍 熅
媼 縕 搵 溫 薀 昆 瑻 琿
焜 混 緄 輥 掍 蚰 眔
𥄳 懷 罤 蘴 鰥 𣤻 鰥
隮 尊 尊 蕁 噂 蹲 遵 劕

僔 鱒 繜 鐏 墫 尊 屫

鄭 关 蠢 眷 豢 桊 鲞

券 𢍏 豢 𢐀 豢 拳 豢

卷 圈 綣 倦 鬈 捲 𨻒

存 荐 栫 孫 遜 愻 飧

豕豩 遂 屍䏶臀 殿 簓 黵 澱

吅 單 蕇 禪 嘽 簞 樿

觶觗觝 殫 癉 鄲 匰 鞸 僤

襌 樿 患闋愳 鱓 鼉 獼 蟬

燀 驒 幝 鱓 撣 闡 彈 弧

繟 戰 閥 戊 雈 瓘 趯 權

矔 觽 鄻 觀 舊 讙 驩 鑵

勸 歡 貛 驩 懽 爟 烜 蠸

獾 灌 雈 萑 蒦 彠 莧

[illegible] 寬 髖 芇 萈 絸 欗 萈

璊 玧 璊 瞞 樠 鬗 慲 滿

[illegible] 寒 寋 褰 騫 鶱 攓

搴 攐 丹 彤 那 旃 旜 看 馬

宀 安 荌 鞍 案 案 鴳

頞 鷃 侒 洝 妟 晏 官 菅

管 琯 逭 爟 輨 館 棺 倌 悹

涫 婠 捾 綰 貫 · 毌 貫

遦 擐 般 㪵 鞶 槃 鎜 盤 盤 瘢

⿰髟般 幋 ⿱般貝 ⿱般黑 媻 耑 喘

諯 腨 ⿰食耑 歂 篅 椯 ⿰禾耑

剬 ⿸厂耑 惴 端 顓 貒 ⿰黍耑

湍 瑞 ⿱艹⿰黄耑 遄 ⿰木遄 段 ⿰壴段 緞

毈 碫 鍛 奻 姦㥯 姦 班
絭 絲 關 刪 珊 𥳑 𤝤
姍 扁 萹 蹁 徧 諞 翩
楄 篇 猵 牑 甂 偏 褊
猵獱 蝙 媥 編 干 玕[illegible] 吁
鼾 赶 迀 靬 骭 邗 肝
肝 竿 訐 衎 豻 𪗋 旰
豻犴 汗 罕 衦 刊 衦 奸
忓 扞 軒 旱 𣀂 稈秆 悍

睅 岸 䮗 炭 豣 趼 訮 刋蒴

笄 枅羿 雃 鳽 菺 肝看 羿 刑形

麉 豣 豣 蕑 汧 龓 妍 鈃

弙 研 䃋 栞栞 奴 祭 餐 湌

攱 朔 飡 戔 後 踐 諓

衛 殘 餞 賤 箋 虥 俴

帴 殘 淺 綫線 錢 俴 醆

棧 棧 凡 芃 凱 肌 紈

巩攱 山 屾 岔 訕 邙 㧟

汕 閑 瞯 閑 橌 癇 鷳

騆 僩 憪 鬜 澗 嫺 簡

簡 瀾 柬 諫 楝 煉 鍊

練 韊 湅 漱 闌 讕 讕 蘭 蘭

爛 爤 虤 䶊 虥 先 跣 詵

珗 䶊 姺 銑 侁 洗 兟

贊 瓚 穳 饡 酇 欑 儹

灒 嬻 纘 鑽 千 阡 幵

秊 郵 田 畋 甸 佃 穿

卣 棲卣 垔 陻 禋 甄 鄄

煙 烟 𡍮 歅 湮 闉 甄

肖	莦	崩	髾	削	箾	萷
宎	揱	娋	潲	瀟	天	吞
忝	弦	莈	絃	舷	㤢	伭
嫙	慈	玄 卓	牽	眩	炫	泫
鉉	口	肙	鞙	睊	稍	圓
剈	鋗	餶	悁 怨	焆	蜎	涓
駽	絹	弲	埍	酮	讂	員 鼎
圓	䏍	殞	覞	鄖	頛 䔁	碩
愪	溳	霣	損	縜	隕	顛

困 朱 梱 稛 悃 涃
圂 [illegible] 慁 溷 [illegible] 橐 [illegible]

叀 幺 [illegible] 專 剸 蓴 團 篿 [illegible] 膞	傳 塼 鱄 摶 嫥 縳 轉	袁 園 轅 遠 [illegible] 薳 睘 環	譞 [illegible] 圜 翾 寰 鬟 獧	儇 蠉 擐 嬛 轘 還 [illegible]	繯 [illegible] 縣 [illegible] [illegible] 肙 [illegible] [illegible]	巛 [illegible] 訓 順 馴 紃 [illegible]	淵 [illegible] [illegible] [illegible] [illegible] [illegible] [illegible] [illegible] [illegible]	僊 [illegible] [illegible] [illegible] 鮮 [illegible] [illegible] 鱻

辛 辛 辡 辯 辨 辧 辦

辬 辮 言 琂 唁 衍衙 誩

霅 語 競 譱善 膳 鄯 [illegible]

僐 嫸 繕 妾 萎 椄 翣

淁 鯜 接 䜌孿 欒 變 臠

欒 臠 矕 巒 蠻 鑾 關

孌 彎 攣 孿 鸞 鑾 攣

孿 犬 猚 肰匇欶肰人難 嘫 橪

[illegible] [illegible] 撚 繎 廛 躔 纏

扶輦 韆

臱	邊	矈	櫋	籩	⿱宀臱	鬢				
邉	籩	匾	便	鞭	食	箯	鯾	緶		
連	蓮	謰	槤	⿱連心	鰱	鏈				
縣	聯	⿱聯凶	又	丿	延	邅				
脠	梴	硟	鋋	延	唌	誕	這			
郔	筵	梴	蜒	挻	建	鞬				
楗	健	鍵	欠	芡	坎	次	[illegible]			
盜	羨	⿺辶羨	⿰糸羨	焉	蔫	鄢				
傿	嫣	漹	仝	全	侖	荃	詮	牷		

跧 佺 恮 絟 銓 軴 亘

咺 趄 桓 絙 狟 貆 查

洹 絙 垣 甎 宣 咺 愃 夗

苑 詋 眢 鴛 登 盌 怨 命

帤 妴 䳃 宛 窓 琬 菀 婉

輐 筋 腱 反 返 仮 叛 眅 飯 版

眅 販 汳 阪 皈 軓 本 杰

笨 厂 厈 彥 諺 顏 顔 產 犍 湕 鍵

雁 鴈 贋 興 輿 璵 歟 腆 眷

㥏 錪 丐 眄 麪 沔 蚵

宾 賓賔 薲 𨶈 𡛜 鷿 𡪋女

嬪 驞 鬢 矉 鬢 覾 鑌擯

蠙 娩 鞻 挽 睌 晚 鞔

冕絻 浼 鮸 輓 勉 孨 孱

僝 雋 檇 臇㒞 鐫 鐫 𦵹𠬝𠬝

𡰪 輾 䞼 㬎 耎 偄 萸

腝𪏇 稬 䐪 碝 煗 蝡 畂

渜 緛 陾 媆 甄 舛𨇾 件

衍　愆　寒僁　衛　狂　袁　羼　羼

譻　遭　譴　台㕣　沿　船　鉛

㕛　𡕝㬎　奐　寏　院　渙　換　萬　讚

䁢　蠇　勱　糲　噧　邁　藹　癘

萬　蠆　噧　邁　蘁　癘　嚾　厲　厲　蠣

冃　冒　冐　蔓　萺　媢　曼

趧　謾　槾　慢　慢　獌　鰻

縵　嫚　鏝　輓　蔓　鄤　虤

贙　贙　虜　巘　獻　巘　獻　櫯　檸　諜　不　讞

寸 刌 旦 玬 齟 跙 岨 靼

徂 疸 䀡 柦 顖 狚 䛀

貆 藴 怛 鉭 阻 坦 圻 旦

靼 韇 鴠 䱇 笪 但 袒 疸

炟 怛 悬 黕 組 坦 亶 邅

䁣 檀 膻 鸇 鷻 驙 澶 鱣 鳣

氈 儃 擅 嬗 蟺 顫 饘

鐔 壇 橵 㪔 𢿵 饊 潵

霰 覓 絕 㡭 𢇍 𢇛 𢇏 𢇜 剸 蹨 盟

半胖判伴袢泮姅
絆料畔爨㸑𩏂鞼竄祘
筭算篡匴籑饌籑篹
漢纂簒祘蒜彖椽
鶨蝝掾緣隊篆瑑
𤔔𤔔敽覶嬀亂薍晏
宴鰋鰋匽鶠郾偃褗
蝘𧑓揠見莧哯晛睍
𩋟硯䤘俔蜆垷覞

燕 鄰 薺 驎 嬿 扇 偏

蝙 弱 巽 巺 㢲 譔 選 巽 蹎 僎

鍹 頭 顛 亶 顛 値 愃

湎 䤄 緬 覍 畀 卉 畚 昇 閛

拚 叁 畚 片 㕵 瞏 顯

嬛 宦 幻 攸

第七部 蕭 肴又有大半

肅 肃 嘯 歗 歗 橚 驌 簫 鷫 鶵

潚 蠨 繡 蕭 瀟 梟 噪

鄡 県 垚 堯㚘 蕘 嘵 趬

譊 敿 翹 膮 橈 饒 皢

顤 嶢 磽 獟 燒 澆 驍

嬈 撓 繞 蟯 鐃 曉 鐃

卣[illegible] 㮚[illegible] 逌 蓨 覷 歔 歖

奧 薁 噢 䞝 㬩 𦡸 𠟍

𣄧 𤬪 𢅏 𣟴 䮃 𠑴 燠

懊 覞 澳 媼 𩙕 䙴 鐭

麃 藨 犥 𨞻 穮 儦 瀌

鑣(鱇)	黝	雥	醮	糕(䕮)	菻	箏	僑	闟
幺	泑	雧(集)	顦	䕮(䕮)	咻	燃	繇	岙
幼	勠	蕉	燋	犛(糤)	䅵	㵿	蘇	瑤
呦	丝	譙(譙)	潐	醮(醮)	梀	焱	邎	嗂
𥿡	幽	樵	鐎	蘸	鷲	旚	繇	踰
窈	儦	鷦	噍(嚼)	㬓	淋	飆(颮)	櫾	欽
怮	雧(集)	灑	醶	烌(麵)	鶖	詧	繇	榣

鷂 䌛 搖 苗 媌 緢 鼂鼌

䍘買 蕒 䴡 爻 𣪗較 斈 敎斆

鷮 敎𧥛效 敎 肴 殽 侾 交

茭 这 效 鼓 骰 笅 郊

校 皎 窔 狡 駮 烄 姣

㼎 恔 佼 佼 洨 鮫 絞

蛟 嬰嬰 葽 䕺 巢 璅 薻藻

樔 鄛 摷 繅 勦 轈 罺

勹 勺 包 苞 咆 鞄 鮑餘畧

高在夭字下

郇	枹	麭	皰	胞	匏	罦 孚	
庖	袍	㲏	炮	泡	鮑	雹 靁	
颮	匋	萄	謟 詾	騊	陶	槖	
櫜 蜉	毛	芼	蓩	旄	眊	秏	
髦	覒	表 穮	老	孝	哮	高	
敲	翯	敲	膏	鄗	槀	熇	
稾	滈	膏 豪	縞	鰝	鎬	塙	
蒿	薨	藁	歊	藃	夲	皋	
摹	嗥 獋	翱	暤	皋 臯 敫 睪	敫		

嗷　謷　傲　嶅　驁　獒　熬　嫯

贅　滶　嫩　婺　贅　勢　敕

䡛　轉　糟（轉）　遭　傮　褿　熿

慒　漕　槽　蠤　刀　芀 到 釗 召

韶　超　卲　苕　鞀（鞉 鼗 磬）　佋　祒

卲　邵　柖　貂　鉊　紹（昭）　蛁

弨　軺　陊　劭　招　昭　照

芺　䅦　類　窯　餡　萏　勞（㥻）

嘮　嘮　務　澇　牢　憂　瓔

奴以又聲

擾　懮　獶　擾　芆　犪　㪹
又　友（䍿）　右　祐　疚　有　珛
䣻　囿　郁　賄　宥　洧　鮪
絠　蛕　䵋　盍（盇）　醢（䤈）　囿（圞）　藺
尤　訧　肬（黕）　頄（疣）　忧　沋　就（㝡）
鷲　蹴　帚　婦（埽）　裘（求）　球（璆）　莍
救　脙　逑　賕　郲　俅　蠢
絿　梂　手（拲）　杽　守　狩　肘
疛　紂　酎　討　丑　䏔　𩚵　郱

衄 羞 粈 沑𢼄好 鈕扭 紐 狃

莥 狃 丑聖 邱 牛 牟 犨莘

侔 牢 滮流 塗 攸汥 跾 脩肌

修 悠 倏 旒 匜 儵 筱

條 儵 莜 滌 篠 脩 蓨

䐓 滫 儵 鱃 甹 苗 迪

䛻 胄䩜 柚 宙 岫宙 鼬 油

怞 舳 妯 軸 袖 紬 邮

郵 悳 憂 嚘 鄾 櫌 優

優 盩 蒐 周 [illegible] [illegible] 啁 琱
調 雕（鵰） 椆 稠 彫 [illegible] 裯
凋 蜩（[illegible]） 婤 綢 輖 惆
舟 [illegible] 鵃 侜 貈 輈 [illegible]
廟（庿） [illegible] 受 授 綬 州 喌
詶 [illegible] 淲 [illegible] 靃 [illegible] [illegible]
𠷎（[illegible]） [illegible] [illegible] [illegible] [illegible] [illegible] 璹
[illegible] 檮 幬 擣 醻（酬） 擣 壽
禱（[illegible]） 譸 [illegible] 儔 [illegible] 鑄 籌

鶩　矛戭　茅袤蝥　敄　蓩　犛

犛　楘　鶩　嵍　帑　鬏髳　鶩

霚雺　楘　蝥蛑　帑　瞀　霿　務

務　楙　楙　懋懋　柔　徚　腬

鞣　煣　蝚　輮　鍒　睬　蟲

冈　汓泅　游遊　休庥　㒁　鳥　蔦梟

鵈　島　窵　䳄　梟　嘄　鄡

県　褭　了　孓　孑　小　杪

肖　萷　哨　趙　䏴　痟　梢

沙 泚 莎 魦 娑

綃 消 霄 悄 蛸 娋 銷

陗 削 揱 箾 稍 𥳓 捎

筲 ノ少 尐 訬 杪 炒 秒

紗 鈔 魦 眇 鯋 篎 沙

鮡 𠈱 兆 珧 誂 咷 鞉 趒

逃 跳 朓 窕 眺 覜 桃

佻 洮 鮡 旐 挑 姚 絩

銚 垗 斛 庫 戚 肇 杳

窅 睄 目 宦 窅 狊 烜

天　枖　芺　祆　餀　䳒　娱

渋　鵞趆　喬　蹻　趫　敿　橋

𡾊　鷮　鷸　驕　獢　僑　繑

蟜　鐈　臼　齨　舁　舊　鵂　臼男

舀　抗　䑖　蹈　韜　稻　慆　滔　搯

𨗨　爪　叉　釵　叉　蚤　蚤　瑵

鬊　倭　慅　騷　搔　那　非　菲

冐　窜　奔　貿　鄮　冃　早　鴇　鮑

保　呆　保　葆　捰　緥　宲　褒　褒

缶 𠚕 鼛 𦈢 寶 寚 䍃 媱

丂 攷 㱙 朽 巧 考 亐 号

草 艸 夰 昦 㚖 臭 杲

好 嫭 㛞 茠 顥 灝 酉 丣 珋 茆

桺 昴 聊 畱 𥜶 鎦 廇 鶹

騮 鼦 罶 罶 溜 霤 瘤 鎦

劉 瀏 擂 抽 挦 籀 庮 槱 禉 醜

酒 逎 遒 酋 趥 [illegible] 楢 揂

媨 鰌 蝤 緧 輶 猶 蕕

入第の部

牖 九 艽 訄 厹 鼽 肍

旭 鳩 虓 究（𢀙 怨 匃） 究 内（蹂）

氿 軌 馗（逵） 尻 杭 久 玖

柩（匶） 穴 姢 羑 莠（羐 誘 䛻） 咎 倃

格 欲 麔 櫜 咎 稽 鮥

鬈 晷 厬 不 丕 邳 秠

伾 駓 魾 芣 胚 碩 鉟

紑 丕 邳 秠 伓 駓 鯀

否 梧（匿） 痞 否 罟 頞 嚭

杏 菩 踣 錇 腤 棓 杏

錇 鬅 涪 倍 掊 頗 緒

培 陪 醅 𠂤 闠 負一 負二

百 脜 首 道 導 導 覞

弔 䞪 盄 椛 屌 賚 璙

遼 鷯 簝 膫 膋 寮 獠 憭

燎 繚 僚 潦 撩 嫽 鐐

繚 轑 橑 藔 蘵 罹 皃 額 貌 藐

䫼 冃 冒 冨 圙 瑁 瑁 苜 睸 椙

娼　勖　報　暴麐　襮　爆　瀑

纅　㬥　𣋒　驝　虣　杲　譟

剿　璪　趮　臊　橾　燥　懆

澡　鱢　操　繰　号　鴞　枵

鄗　䝞　號　𧇭　饕叨饕　虢　諕

告　牿　誥𣀷　蕌　梏　晧　郜

硞　㱿　窖　鵠　焅　浩　靠

陪　酷　造䎋　蓸　奡　窔　奧

奧　燠　澳　隩　墺垮　盜　畫書

毄 遬 餟 廏九部 嵒 獸 臭
齅 趥 殠 糗 秀 莠 琇
翏 謬 蓼 嘐 雡 鷚 [illegible]
樛 瘳 鄝 僇 飂 廖 繆
憀 熮 獿 摎嫪 繆 蟉 鏐勠
膠 廫 漻 澑 屋屋臺 喔 楃
楃 渥 握臺 谷 鵒鷞 狢 俗
裕 浴 鋊 欲 谿 卜 ク 攴
卧 朴 仆 赴 牧 戾 秃

木 沐 霂 㣎 穆 族 蔟

嗾 鷟 鏃 彔 禄 菉 逯

逯 睩 剝 刂 親 娽 綠 錄

鹿 麓 禁 䍡 簏 箓 漉 渌 畐 福

畐 副 疈 楅 輻 幅 匐 愊

腷 蝠 堛 富 葍 䵗 䵗 䵗

复 複 馥 蝮 鍑 輹 復

蕧 𥳁 䨱 𡪽 𢔦 匐 蝮 鍑

輹 𠬝 服 舣 菔 箙 伏 絥 茯 鞴

⿰土彖　目（⿴囗面）　尗　茮　⿰尗鳥（鶩　宋　誅）　⿰尗欠　叔（尌）

㕽　㞨　踧　督　裻　惄　淑

埱　俶　菽　慼　槭　慽　肉

育（毓）　⿱艹育　淯　⿰糸育　充（琉）　統　鬻（⿱粥鬲）

⿰享凡　豖　琢　啄　豛　椓　⿸疒豖

匊　㴑（肌）　逐　畜（蓄）　蓄　鄐　慉

⿰女畜　卜　夙（佰　佰）　宿　摍　縮　莤

六　⿱屮六（⿱艹⿱屮六）　⿱屮⿱六皿　⿱屮龍（龖）　⿰⿱屮龍欠（嗽）　竈（竈）　坴

⿰身坴　稑（穋）　陸（⿸厂⿱坴六）　睦（⿱坴酉）　賣　藚　犢

讀 讟 遺 轒 殰 櫝 牘

竇 贖 儥 黷 嬻 覿 匵

續賫 瀆 隫韇 匊 菊 趜 [illegible]

鞠𥳓 蘜 驧 祝 竹 竺 篤

管 䈝籔 竅窾 鵴 翑 鞠 𥳓鞫

蘜𩏑 筑 築篁 築 毒蓟 薵 䓯

隺 蒮 犨 鶴 睢 膗 榷

皠 騅 熣 淮 搉 臼 舃

斆學 學 嚳 鷽礐 學 礐 鷽

樂學 嚳 覺 攪 王玉 項 玨 穀
珏 獄 哭 鸑 嶽岳 頊 凷卩
凷 菌 局 挶 足 促 浞
捉 臬鼀 束 木 沐 霂 朿
諫 敕 棟 竦 竦 速遬 蓮
鬻餗 𣓋 麓 軟 𣓋 漱 鏉
目 蜀 噣 趨 躅 斀 髑
髑 鸀 襡 獨 燭 濁 鐲斣
屬 斸 欘 孎 辱蓐 槈鎒 鄏

槈鎒　溽　縟　角　桷　确㱿　斛

「樂」　嚛　轢　藥　瓅　丵　業

樸　撲　轐　墣圤　僕　檏　濮

纀　鷇　鑿　卓𠦝卣　趠　逴　踔

稕　倬　焯　悼　罩　淖　鯙

婥　掉　鵫綽　斲斵　斲　肯　㱿

㱿　觳　轂　嗀　穀　縠　瞉

鷇　彀　㲉　愨　㝅　穀　轂

㝅　縠　穀

聲系

海鹽陳鱣述

第八部歌麻

丂　可　訶　𩣡　柯　疴　河

砢　妸　抲　閜　軻　阿　闁陊

何　荷　苛　滒　哥　歌謌　渮

奇　倚　齮　踦　踦　攲　婍

觭　剞　椅　寄　倚　騎　猗

掎　婍　綺　畸　輢　陭　旖

檮 多 哆 誃 趍 眵 栘
袳 𡖅 𤆵 姼 陊 移 䔟
侈 㢋 痑 迻 𡖈 黟 移
䔟 侈 㢋 宜 𨦉宜 誼 它 蛇 詑
𩊠 佗 袉 沱 鮀 拕 鉈
戈 𢦒 我 𢦓 莪 誐 鵝 俄
峨 硪 餓 騀 娥 蛾 䖸
義 議 𨟟 檥 㕒 儀 䮊
轙 钀 羲 犧 禾 咊 龢 盉

㼌
𦾽

加	雅	箛	柧	葩	𧥱	縻紗	𣏟	科
茄	枒	丫	㭒	瓜	靶	靡	麻	衺弃
賀	庌	茉釨	泒	苽	杷	𪎊	䵧	槺
嘉	衺	䓊	弧	呱	豝	糠	𪎭	䆉
痂	釾	𠂔𠧪	狐	𤬪	把	礳	縻	纙
哿	邪	芽	菰	㼌	鈀	摩	磨	羅
駕㸰	䓉	訝迓	㼉	罛	皅	巴	摩	蘿

妿 枷 迦 乂 杈 沙 沚 莎
魦 娑 𠂇 左 [illegible] [illegible] 差 瑳
齹 [illegible] 槎 瘥 䴾 [illegible] 溠
[illegible] 嵯 傞 [illegible] 齹 縒 [illegible]
[illegible] [illegible] 魯 果 祼 踝 敤
課 髁 窠 稞 婐 裹 夥
淉 [illegible] 顆 貨 瑣 [illegible] [illegible]
湞 隋 橢 隤 媠 [illegible] 憜 惰 嫷
[illegible] 鰖 朶 [illegible] [illegible] 垜 罩

戹 妸 桵 綏 𣎆 臝
裸 贏 蠃

羸 嬴 嬴 𧕋 嬴 羸 籯

火 炍 馮影影 禡 瘍 䣕 罵

下丅 苄 夏會 叚叚叚 瑕 徦 遐

蹳 葭 𢿓 瘕 暇 椵 𪔵

𩂓 騢 蝦 假 鰕 蝦 鍜

豭 家冡 稼 幏 嫁 冡 瓦

咼 咼 禍 鴰 謌 楇 騧騧

凡咼 媧婐 蝸 緺 過 薖 過

[illegible] 蠋 螭 蜾 乁 也 乜 迆 攺

杝 肔 虵 灺 馳 匜 地 墬

弛 阤 酏 施 椸 暆 箷

寏 臥 巠 坙 莖 䞓 脛 剄

痙 俓 鬉 挳 娙 鋞 亞

啞 諲 惡 蝁 堊 錏 晉

襾 賈 檟 匕 䰳 化 吪 傎

囮 圝 傀 鈋 匕 詐 胙 笮

杔 飥 昨 秨 阼 酢 作

怍 迮 詐 筰 䠶射 謶 䖮

卸

第九部 陽唐庚

昜 禓 瑒 蕩 踼 鍚 腸

蓎 楊 暘 瘍 崵 煬 惕

揚 敭 颺 場 暘 蘍 陽 錫 湯

璗 盪 簜 募 潒 碭 宕

鍚 殤 觴 傷 愓 羊 祥

詳 翔 蕎 養 敉 痒 庠 𦍩 羕

亯𦎫
𦎫𦎫𡃞譚犉𥌊𩀌𦎧
惇𡍫焞淳埻錞弴
醇敦鶉憝鐓

洋	漾瀁	𨶒	湘	璋	障	訪	妨	紡
姜	香	鄉	霜	蔁	商𧶜𧶜	魴	旊	防陞
蛘	皀卿夘	量量	昌昌	鄣	賔	枋	鈁	旁旁雱
羌羗	鄉	糧	唱	麞	匚𠥓	邡	放	傍
唴	響	相	倡	彰	方汸	肪	旌	嗙
羕𦍒	饗	箱	閶	漳	芳	舫	仿㑂	謗
樣	蠁蚼	想	章	墇	趽	房	鰟鰟	膀髈
								榜

央詇鴦桋秧殃鞅
怏泱抰姎坱紻英
瑛盎甖醠

䅭	匕	盍	岷	駹	韔	萈	硍	郎
傍	芑	卬	毗	鯨	棖	眼	狠	薌 粮
鄗	器	扁	忘	統	悵	筤	浪	王
騯	跂	忘	莣	荒	倀	榥	閬	廷
滂	旨	妄	㐬	梳	帳	郎	稂	瑆
搒	旨	岷	謊	虎 𠂉兵	㫐 鎇 筤 昂	朖	鋃	皇
斛	柰	蝱	慌	萇	琅	宦	斪	瑝

匩筐邼恇洭軭

喤	鍠	軖	光 炗 𤈦	璜	橫	𢋽	杭	忼
篁	隍	往 迋	桄	艎 䑖	瀇	壙	邟	秔
䅣	㞷	暀	晄	簧	廣	纊 絖	伉	沆
煌	𢾺	狂 𢖶	侊	礦 廾	櫎	尢 尫	抗	航
惶	黊 篁	誑	駫	㶾	曠	亢 頏	犺	閌
湟	桂	俇	洸	蟥	穬	迒 踱	笐	抗
蝗	洼	𢙐	黃 炗	彉	獷	䬀	炕	吭

阬 卬 茚 迎 枊 仰 駉

牀 牂 牅 牄 狀 牸 妝

斨 壯 莊 𣘰 裝 牀 奘 牆 𤗉 牆

薔 戕 臧 臟 㦹 醬 醟 醬 將 蔣

墻 篬 奬 漿 脈 倉 仺 瑲 蒼

蹌 鶬 鎗 槍 愴 滄 凔 𠥴

鎗 刅 創 刱 梁 涼 梁 畕 畺 疆 犟

橿 壨 麤 僵 鱷 鰮 繮 彊 疆

桒 顙 乘 穅 康 廉 㴸

唐（啺） 鎕 行 珩 胻 衡（奥） 洐
毀（㲄） 薂 縠（嫛） 蘐 禳 鑲 鄹
讓 曩 [illegible] 囊 穰 曩 驤
蠰 攘 孃 纕 壤 鑲 釀
釀 京 𤛓 諒 涼 椋 倞
黥（勍） 鯨 勍 䣼 景 憬 涼
䬉 兄 怳 況 彭 鬃（祊） 兵（倗兵）
鬺（羹 羹 羹） 囧 莔 盟（盟 盟） 明（明） 萌 象 䬑（鎬）
像 橡 橡 潒 勨 丈 杖

从 网 兩 輛 蜽 緉 爽奭

鵊 甒 罔囧罔罒网罔蛧 罔 惘 剛信

綱格 上𠀆 川 高𦤎 卉 莽 葬

弜 丙 柄棅 邴 病 寎 炳

怲 鈵 叜 嗖 椶 鄋 艘

埂 鯁 綆 埂 秉 永 詠咏

泳 皿 盌 孟𡥜 猛 黽鼊 鼆

鄳 蠅 繩 𪓰 鬤 向 珦餉

尚 堂 棠 敞 常裳 嘗敞 鱨

掌党嘗鱨賞償黨
矘攩堂[尚啇]臺樘鄯闣
鏜當蟷鐺嵣匠𨒂
朢[𡈼]䚪望琞緊竟滰
摬鏡孕慶誩競兢
敬璥警檠儆驚憼
第十部 耕清青
平[粤]枰枰鮃泙抨坪
苹萍賏譻䴞嬰嚶

鸚甖癭廮纓爭琤

箏諍箏䋫竫淨綪

埩錚靜瀞晶名頃

穎傾熲潁頎觪垟

拼荓骿栟餅軿庰

缾 瓶 [illegible]併駢姘蛢

絣軿屏偋蓱盈楹

縕 經 生甡牲胜笙殅

青旌性鮏姓甥曐 曐 星

腥　猩　青　菁　請　鯖　精

倩　彰　崝　情　凊　靖　清

猜　蜻　婧　綪　靚　瀙　丁

訂　玎　艼　葶　朾　亭　汀矴

頂揁[illegible]　釘　町　[illegible]　成成　誠　郕

宬　盛　城[illegible]　寍　[illegible]　鸋　寧

濘　甯　甹　[illegible]　梬　甹　騁

娉　聘　俜　[illegible]　霝　蘦　櫺

霊霛　酃　[illegible]　[illegible]　麢　龗　靈

蠕 冂 同 坰 迥 詗 高 廎 駉 絅

洞 扃 鮦 耿 褧 熒 瑩 縈 營

膋 鶯 滎 㶏 犖 鎣 犖

滎 嫈 瑩 鎣 犖 謍 縈

褮 嶸 檾 檾 蠑 嶸 门 冥

瞑 鄍 覭 慏 溟 嫇 螟

井 艵 穽 耕 姘 阱 穽 荥 刑

型 鉶 竝 鬛 鼎 貞 禎

楨 偵 湞 隕 壬 聽 呈 徎 逞

聖 檉

桯 程裎桯郢珵酲戥	廷	霆	懲	徑	窒	勁	幸	蛸
戠	挺	娗	澂	脛	勁 涇頸 泟剄	陘	婞	杏
䟽	莛	挺	聽	桱	鯁	鋞	緈	莕 荇
䵒	梃	蜓	垩	剄	涇	悭	省 省	竈 竈
鐵 鐡銕	莛	綎	莖	痙	娙	輕	楷	鄳
	庭	鋌	牼	頸	蛵	罊	渻	鼆
	頲 侹	徵 敳	羥	峌	經	炅	媘	蠅 繩

夐　瓊璚瓗琁瓊　藑　讂　饅[illegible]　令

玲　苓　笭　柃　囹　伶　領

泠　冷　魿　零　聆　瓴　蛉

鈴　軨轜　命　正𤴓𤴓　鉦征　延　証

政　整　竀　綎　鋌　定　錠

磬殸硜謦　馨　罄　罊　聲　聲

佞

第十一部　蒸登侵添

丞　脀　䡕　烝　蒸菶薹　承　升

弓 芎

拼撜 爯 偁 稱 興 嬹 兢兢
騬 雁鷹 膺 應 夌 [illegible] [illegible]
棱 掕 綾 陵 淩 蔆蓤 仌
冰凝 馮 凴 凭 [illegible] 登[illegible] 璒
簦 橙 證 鄧 憕 鐙 隥
恆亙 栕亙 [illegible] 揯 縆 厷厶肱 雄
宏 谹 閎 紘紭 御名 鞃 宖
泓 強[illegible] [illegible] 繈 勥[illegible] [illegible] 曾
譄 [illegible] 贈 鄫 矰 罾 [illegible]

能

熊

憎 竲 層 潧 甑鬵 繒綷 增

棚 倗 淜 弸 堋 輣 掤

崩[illegible] 䣙 綳 肎肎 等 朕[illegible] 倂

[illegible] 䲢 [illegible] 䲍 螣 栟 縢

縢 縢 縢凌 縢 縢 勝 縢

騰 [illegible] 瞢 夢 薨寢 懜瞢 蒙儚

第十二部 侵添覃鹽嚴咸銜凡

侵 祲 蘉 蔓 㮴 寑䨞 寢

駸 綅 埐 浸 蘉 心 沁

竟 滰 獍 鏡

岑 梣 檎 涔

壬 飪 肚恁 衽 妊 紝 𠍲 任 荏

[illegible] 賃 恁 傴 品 臨 瀶

林 森 琳 菻 郴 痳 罧

惏 淋 霖 婪 綝 禁 噤

音 喑 諳 暗 窨 罯 歆

黯 湆 揞 闇 灊 瘖 痽

[illegible] [illegible] 㐺 霒 今 玲 芩 牫 靲 吟 齡 訡

雂 琴 欽 䶄 紟 縊 黔 黔 䰼 妗 衾 岑 戈今 矜 鈐 酓

韽 䨄 鵨 盦 歙 叅 酓 媕 霠 会 侌 陰

欽

陰 金金 荃 唫 䤫 捦㨵 黔

衘 錦 顉 欽 厃 峑 淦汵

棯 釿 念 諗 唸 歛 稔

淦 合 琀 頷 龕 貪 嗿

禽 毵毿 火 曑參 摻 謲 槮

篸 驂 黲 慘 傪 摻 滲

㜗 縿 先簪 兟 簪 朁 㻸

噆 譖 僭 憯 潛 鬵 蠶

鐕 𨣟 蠶蠶 灊 冘 𦬐 訦

眈 鴆 枕 𣪠 䫄 黕 忱

耽 抌 紞 酖 鈂 沈 霃

肬 監 垩 淫 婬 窞 揬

渷 藫 占 苫 枯 笘 刮

餂 鞊 痁 鉆 敁 點 帖

鮎 貼 姑 者 拈 覘 蛅

坫 蔪 鉆 阽 沾 笘 惉

霑 湺 僉 薟蘞 譣 檢 劒劍

厱 顩 驗 獫 䨘 儉 憸愢

鹼　撿　嬐　險　醶　斂　籢

𢦏　䨘　鐵　讖　㶨　籤　櫼

懺　瀸　攕　孅　纖　鑯　醶

兼　謙　稴　鬑　槏　慊　鰜

鹻　蒹　嗛　槏　歉　𩜞　慊

㺌　蹸　熑　顩　磏　溓　蠊

縑　鎌　隒　嫌　廉　薕　簾

亩　稟廩　凜　嗇　鄙　顲　羊

南岑　湳　寁㝾　潳　西酉　闇　閃

弇 𥦗 鞥 黭 渰 揜 媕

咠 葺 𦖋 楫 諿 湒 揖
緝 輯 戢 濈 習 謵 槢
䎎 熠 慴 鰼 摺 入 疌
𨓏 倢 亼 合 祫 迨 跲
詥 欱 鞈 鴿 𩬣莟 𣐈 佮
袷 匌 欲 𧝈黭 郃 頜 蛤
洽 閤 給 荅 踏 榙 翕
龕 歙 𣿅 拾 溚 邑 裛
悒 浥 挹 唈 龖 讋讋 襲龖

劦 荔 恊 勰 協 旪 叶

拹 脅 歙

燮 爕 燮

十	韘 磼	鰈	𡐱	翊	及 逮 乛 弓	㽺	扱	隰
什	屧	揲	立	泣	芨	[illegible]	級	顯
卅	諜	媟	鴗	颯	吸	伋	鈒	[illegible]
廿	箑	鍱	笠	拉	趿	岌	㬎	雥
赤	牒	葉	柆	昱	[illegible]	㕁	溼	雧 集
世	牃	僷	粒 䇐	煜	[illegible]	急	濕	[illegible]
枼	渫	褋	㕸	喅	极	汲	[illegible]	雜

繅 鐰 ⿰金咠 馬縶 歰 ⿰衤歰

第十三部 覃嚴鹽咸銜凡

咸 鹹 諴 椷 䁍 顑 麙

感 減 揻 葴 黬 箴 ⿰鳥咸

緘 㰹 醎 覃⿱鹵二⿱鹵亭 禫 蕈 嘾

瞫 簟 橝 鄿 ⿰米覃 驔 燂

潭 鱏 撢 蟫 ⿰女覃 鐔 男

甘 苷 ⿰目甘 曆 邯 柑 恬

⿰火舌 泔 黚 紺 鉗 酣 拑

箝 甚 葚 覾 黮 斟 煁

戡 醓 歁 嵌 歁飲 芡 厭

檿 靨 饜 懕 擪 嬮 壓

三弎 炎 琰 啖 談 睒 棪

倓倒 惔 燅綫 欻 覢 淡 緂

錟䏙 剡 菼菼 剡 綊 焱 广詹

瞻 膽 檐 儋 擔 憺 澹

黵 闞 瞻 毚 嚵 讒 劖

儳 纔 鑱 䰫 喦 嵒 芟

马 弖 東 圅肣 菡 顄 涵

涵 䨡 犯 氾 笵 范 範

臽 啗 䐄 窞 惂 餡 淊

鮨 蜭 陷 闞壏 藺 譀䜈 爁

𤁷 䧟盬 監𧧻 藍 䁗 籃膽 檻

㦨 襤 鬑 覽 鹽 嬚 鑑

擥 醶 濫 灆 彡 髟 鬖

肜 䑱 㝵 蕁䕭 得 潯 𩭶

凡 芃 汎 軓 鳳朋 風凬 諷

刪 右風

楓 颿 葻 韸 韼 贛贑 贛
戇 齏樻 敢㪉敔 譀詀 厰 玁 黬
闞 嚴 巖巗 嚴 巖 巖 礹
儼 拼 詽 屛䡊 栟 挷 頩
攏 蚈 研䎸 姘 拼 淶 霂
姝 夾 陜 陵 閃 广 叟
奄 腌 晻 罨 郁 鞥 俺
裺 黤 淹 閹 婘 斬 蔪蘄
蹔 槧 暫 磛 慙 摲塹 鏨

漸 螹 [illegible] [illegible] 欠 芡 坎
盍 嗑 豓 榼 𤸎 饁 𨛭
磕 闔 蓋 𦐇 蹋 闒 鰨
闒 [illegible] 及 [illegible] 忣 馺 扱
鈒 𨋩 聶 躡 讘 欇 㒎
懾 皕 㚔 執 蓻 𨇨 謺
摯 鷙 𦛗 䆈 縶 慹 𩃬
騺 蟄 墊 疌 萐 䕎 箑 䈉 寁
倢 𣔗 婕 睫 捷 緁 緝 蜨

嘐　嘐　熮　㴔涉　鼠　邋　臘

儠　鬣獵獵　獵　擸　妾　萎　翣

椄　淁　鯜　接　臿　歃　届

插　媎　锸　甪甪　呷　柙西　甯

狎　匣　閘　夾　荚　唊　鞅

䀹　梜　郟　翜　俠　頰𩓾　𡖍

㥦　挾　姎　緓　蛺　𧃍　鋏

瘱　瘗　㾜　匧筪　㥦　業緤　鄴

劫　胠　狯怯　㕁　鋏　丣　芝

髮 鬏 髲 霎 窆 戹 砭

泛 妋 瀊 泫 金 囷 疊

諧聲譜上

第一部

第二

第三

歌 戈 分麻 分支 元 寒 桓 刪 山 仙 分先 諄 文 殷

哿 果 篤 分紙 阮 旱 緩 潸 產 獮 分銑 準 吻 隱

箇 過 分禡 分寘 願 翰 換 諫 襇 線 分霰 稕 問 焮

下

第一

宵 分蕭 分肴 分豪

小 分篠 分巧 分晧

笑 分嘯 分效 分号

藥 分覺 分錫

第二

幽 分尤 分肴 分豪

黝 分有 分篠 分巧 分晧

幼 分宥 分嘯 分效 分号

沃 分屋

第三

侯 分虞

厚 分麌

候 分遇

燭 分屋 分覺

第四

魂痕分眞

混很分軫

恩恨分震

第五

臻分眞分先

分軫分銑

分震分霰

第六

耕清青分庚

耿靜迥分梗

諍勁徑分映

第七

陽唐分庚

養蕩分梗

漾宕分映

東

董

送

魚模分麌分麻

之咍分尤

第四

語姥分麌分馬

御暮分遇分禡

第五

止海分有

志代分宥

第六

陌沔分藥

職德分麥

緝帖合分葉分洽分業分乞

第十　第九　第八

冬鍾江支脂侵　分覃　分談　分鹽　分嚴　分凡　談

腫講拯等寑　分感　分琰　分儼　分豏　分范　敢

宋用絳證嶝沁　分勘　分[illegible]　分[illegible]　分[illegible]　分[illegible]　闞

[illegible]

第七　第八　第九

[illegible]

盍　狎　分合　分葉　分洽　分業　分乏　[illegible]

衡
分罕
分塧
分閎
分蔵
分凡

擅
分感
分蔟
分鞬
分儀
分花

鬩
分勒
分埴
分谄
分覆
分贊

第十

陸
分女

十一
韻
分紙

計
分宗

庚
分唐
月昌赤點饒薛
分唐

分專
分君
分湯

《國家圖書館藏未刊稿叢書》總目

日記編

黄陶樓先生日記（全二册）（清）黄彭年 著　樊長遠等 整理

張叔未日記（外六種）

　張叔未日記（清）張廷濟 著　陳紅彦　樊長遠 整理

　舊山樓日記（清）趙宗建 著　肖　剛 整理

　非昔居士日記（清）趙宗建 著　肖　剛 整理

　庚子非昔日記（清）趙宗建 著　肖　剛 整理

　壺中日記（清）葉　鈞 著　肖　剛 整理

　東洲草堂日記（清）何紹基 著　曹菁菁 整理

　顔惱來日記（清）顔懋价 著　杜　萌 整理

笘誃日記（清）江　標 著　樊長遠 整理

書札編

張蔭桓致劉毓森書札　龔易圖致劉毓森書札

　（清）張蔭桓　龔易圖 著　董馥榮 整理

袁昶友朋書札（全六册）（清）袁　昶 輯　謝冬榮等 整理

王懿榮往還書札（外三種）

　王懿榮往還書札（清）王懿榮等 著　蘇揚劍 整理

　藝風堂同人尺牘（清）惲祖翼等 著　謝冬榮 整理

　黄子壽先生遺札（清）黄彭年 著　杜　萌 整理

　趙宗建友朋書札（清）趙宗建等 著　彭文芳 整理

　葉德輝致松崎鶴雄書札　葉德輝 著　孫　俊 整理

國家圖書館藏清代名家尺牘法書選刊（全十六册）

　白謙慎　薛龍春 主編

金石題跋編

國家圖書館未刊石刻題跋輯録 盧芳玉 整理

小蓬萊閣金石目 （清）黄 易 著 盧芳玉 整理

題贊手卷編

明渤海孫氏積善堂題贊手卷 田曉春 整理

中法漢學研究所編

燕京傳薪録

——中法漢學研究所未刊稿研究

孫 俊 程天舒 林世田等 編著

著作編

周易注疏校勘記（全二册）（清）阮 元 總纂

讀相臺五經隨筆（全二册）（清）周廣業 著

經義述聞（全九册）（清）王引之 著

經義考異 （清）方 邁 著

國語解訂譌（外三種）

國語解訂譌 （清）孔繼涵 孔廣栻 輯校

白虎通義校稿 （清）吴 騫 輯

古小學書鈎沈 （清）陳 鱣 輯

聲系 （清）陳 鱣 著

説文解字考異（全五册）（清）姚文田 輯

四庫全書表注（全二册）（清）李文田 著

登樓雜記（全三册）（清）錢 泳 著

蛾術編（全十册）（清）王鳴盛 著

籀鄦簃雜著（全三册）（清）王仁俊 著